U0142189

小市民法律大作戰 026

看故事輕鬆學稅法

2024年第三版

陳坤涵——著

書泉出版社 印行

三版序

　　本書主要內容在探討遺產繼承及財產贈與規劃的重要法律規範，因此有關遺產稅及贈與稅之「免稅額」、「課稅級距金額」、「被繼承人日常生活必需之器具及用具、職業上之工具，不計入遺產總額之金額」、「被繼承人之配偶、直系血親卑親屬、父母、兄弟姊妹、祖父母扣除額、喪葬費扣除額及身心障礙特別扣除額」等金額就至關重要。依遺產及贈與稅法第12條之1第1項規定，每遇消費者物價指數較上次調整之指數累計上漲達10%以上時，自次年起按上漲程度調整，調整金額以萬元爲單位，未達萬元者按千元數四捨五入。本書此次再版特別針對遺產及贈與稅法之新規定，修正書中有關「生活小故事」及其「關鍵說明」之內容以符合現行法令。

　　再者，本書亦就書中生活小故事所涉及之「法律筆記」最近有修法部分，如遺產及贈與稅法及其施行細則、土地稅法、土地法、民法、刑法、稅捐稽徵法、稅務違章案件減免處罰標準等法令，皆一併更新至最新的狀態以供讀者參考。

　　另財政部於112年11月23日公告113年發生繼承或贈與案件適用免稅額、課稅級距金額、不計入遺產總額及各項扣除額之金額如後附錄。特別提醒各位讀者，自113年1月1日起，如發生繼承事實或財產贈與之情事，即可適用附錄表中之各項規定。

　　筆者才疏學淺，改版內容如有疏漏之處，尚祈各界先進不吝斧正，不勝感激。

陳坤涵

113年4月8日

自序

　　每件財產移轉規劃的個案，都有其背景因素存在，如當事人事先妥善規劃，當可安然且順利處理財產移轉的相關事務；但若未預先有所安排，則可能須支付鉅額稅賦，亦不見得能如願以償。

　　將財產移轉親屬名下，不論是以買賣、贈與或繼承等方式移轉，除牽涉複雜的法律關係之外，常伴隨著「稅」一起出現，除非是有專業人士的協助，否則一般社會大眾是難以弄懂其間的關聯性。因此，有不少當事人因不諳法令規定而規劃錯誤，導致必須繳交龐大稅金，甚至無法達到移轉財產的預期目的。

　　有鑑於此，本書特別分成遺產繼承、財產贈與二個部分，共整理48個故事，作者以多年來為客戶處理財產規劃的經驗，透過鮮明且生動的財產移轉規劃故事敘述，再輔以詳盡的專業法令解析，期能為將來想作好財產移轉規劃的讀者或從事財產移轉規劃的相關專業人士參考。

　　在此特別感謝資深媒體人林紘民先生及本所同仁戮力協助蒐集資料及編校本書內容，使本書得以順利付梓。本書完成，不外野人獻曝，鋪陳區區之心得，惟筆者才疏學淺，疏漏之處難免，尚盼各界先進不吝賜教，無任感激。

陳坤涵

99年6月8日

目錄
CONTENTS

第1篇

遺產繼承的故事

案例1

生前贈與「稅」更重

錯誤觀念

遺產稅的課徵只就被繼承人死亡當時所留遺產課稅。

正確觀念

過世前二年內贈與財產給稅法規定的親屬，依法要將所贈與財產的價值納入被繼承人的遺產中計課遺產稅。

生活小故事

建業和建成相對痛哭，他們不相信父親蘇宏圖已經過世，他們更不相信接獲父親死訊時，卻是在父親入土後，建業和建成懷疑有人刻意不通知他們父親病重及後來過世的消息……。

「建業，你跟建成聯絡一下，晚上早一點回來，爸今天約了一個人一起吃飯，我希望你們兄弟倆在場……」蘇宏圖今天特別高興，他握著即將成為蘇太太的吳雅真的手，興奮地想著即將籌辦的婚事。

「爸，是不是有什麼事？我今天晚上要加班啊！……」建業掛掉父親蘇宏圖打給他的電話後，一直想不透，父親到底怎麼了？自從母親過世近一年來，父親從來沒有這麼高興過！究竟是

什麼事呢？建業滿腹狐疑地打電話告訴弟弟建成晚上回家吃飯的事，建成也在電話中大叫：「已經月底了！手上的案件馬上催著要結案了，改天不行嗎？」兩兄弟對今天晚上的飯局都充滿著不解！

「這是吳雅真，你們可以叫她雅真姨，我和雅真已經決定在下個月結婚了！」蘇宏圖緊握著吳雅真的手，眼睛望著吳雅真開懷地笑著，對依約回來的建業及建成並未多瞧一眼。

「爸……」建業和建成不可置信地轉頭對望著，建業記得大概一年以前，父親蘇宏圖還親口告訴即將閉眼的母親不會再娶，怎麼轉眼間卻又告訴他們要再婚的事。

建業和建成其實並不反對父親再娶，但他們實在無法接受父親只用一年的時間就把他們的親生母親忘記，況且吳雅真的年紀可能和他們兄弟差不多而已！可能頂多大不了幾歲吧！所以建業和建成對即將成為他們「後母」的吳雅真，直接的反應就是不能夠接受，如果還要叫她「阿姨」，兄弟倆都只能搖搖頭……。

建業很怕個性衝動的弟弟建成一下子就發起飆來，但在建業想伸手去握住建成作出暗示前，建成卻已猛然站了起來，並怒視著父親蘇宏圖和吳雅真，「爸！」建成用盡所有的力氣喊出這一聲後，似乎也正式宣告父子間的情分已經作了結束。

從此父子之間有一大段時間都形同陌路，建業和建成一直都對父親蘇宏圖和吳雅真的婚事無法諒解，但由於當時吳雅真肚子裡已懷著蘇宏圖的第三個兒子建山，蘇宏圖根本不理會建業兄弟倆的看法和感受。

其實個性比較溫和的建業在那幾年間也曾回家多次，試圖瞭解他的後母吳雅真，並勸建成拋棄成見大家好好相處，但建業有一次回家探望父親蘇宏圖時，恰巧父親不在家，後母吳雅真熱情地留下他說話，但身體卻緊挨著建業，試圖握住建業的手，建業

嚇得奪門而出，從此再也不敢踏進家門一步。

建業根本不敢跟父親蘇宏圖談到這件事，只是一再地躲避，而固執的蘇宏圖也不想多瞭解建業的想法，他認為身為一個父親必須是威權的、命令式的，所以到了最後，父子間不相往來似乎是當然的結果，可以說父子間情感的最後一道大門是蘇宏圖自己關上的。

所以當蘇宏圖因年歲已高、疾病纏身時，他不斷地咒罵著建業和建成這兩個不孝子對他不聞不問，蘇宏圖發誓不留給他們兄弟倆一毛錢，而為了規避遺產稅和感謝他的太太吳雅真及三子建山的照顧，蘇宏圖特地出錢為他們各買了一棟房子。

很不幸地，蘇宏圖不到二年的時間就撒手歸去了，死前最後的遺言仍只有聲聲的……咒罵！

如果蘇宏圖地下有知，他可能又會爬起來重罵一次！因為除了買給三子建山的房子，國稅局說要補繳贈與稅，還要將這些贈與的財產再納入他的遺產總額中補課遺產稅。

關鍵說明

一、哪些情形要課徵贈與稅？

應課徵贈與稅的贈與行為可分為「一般贈與」及「視同贈與」二種情形，一般贈與是財產所有人用自己的財產，無償（沒有代價）地給予他人（自己以外的人），經受贈人同意受贈後，贈與就發生效力。視同贈與是當事人間的財產、資金或債務等有移轉的事實，不論當事人有沒有贈與的意思表示，只要符合遺產及贈與稅法視同贈與的規定，就會被國稅局課徵贈與稅。案例中蘇宏圖在死亡前出資為配偶吳雅真及兒子建山購置房子即為視同贈與行為，只是贈與配偶吳雅真依法可不計入贈與總額免徵贈與

稅，但贈與兒子建山部分就必須課徵贈與稅。

二、生前贈與財產要依法申報贈與稅

　　被繼承人生前贈與財產給配偶或子女，不論是一般贈與或是視同贈與，都必須依規定申報繳納贈與稅。如果被繼承人在死亡前二年內有贈與財產給配偶或子女未申報贈與稅，繼承人在申報遺產稅時也未申報，一旦被國稅局查獲，對於一般贈與部分，除了要補徵贈與稅及遺產稅，漏報的部分還會被處以罰鍰；但對於視同贈與部分，國稅局會通知繼承人補報贈與稅及遺產稅。在本案例中，被繼承人在死亡前有視同贈與情形沒有申報贈與稅，繼承人在申報遺產稅時也未申報，被國稅局查到後，還是會要繼承人補申報贈與稅及遺產稅。

三、視為遺產之贈與要併課遺產稅

　　「視為遺產之贈與」是遺產及贈與稅法中一項很特殊的規定，依照遺產及贈與稅法規定，被繼承人在死亡前二年內（87年6月26日以前死亡是三年內）贈與下列個人的財產，應於被繼承人死亡時，視為被繼承人的遺產，併入其遺產總額，依規定課徵遺產稅：

(一) 被繼承人之配偶。

(二) 被繼承人依民法第1138條及第1140條規定之各順序繼承人（包括被繼承人的子女、孫子女、父母、兄弟姊妹、祖父母等）。

(三) 前款各順序繼承人之配偶（如被繼承人的媳婦、女婿、大嫂、弟媳、姊夫、妹婿等）。

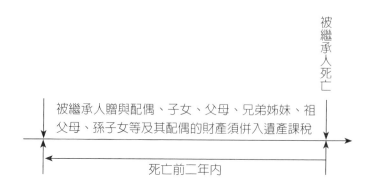

四、死亡前二年內贈與配偶財產免贈與稅但仍須併入遺產課稅

被繼承人如果在死亡前二年內贈與給配偶財產，因遺產及贈與稅法規定，配偶相互贈與的財產可列入「不計入贈與總額」，免徵贈與稅，不過如果符合遺產及贈與稅法「視為遺產之贈與」的情形時，仍然必須列入被繼承人遺產總額中申報遺產稅，否則會被國稅局依漏報遺產稅規定補稅處罰。

五、已納贈與稅及增值稅可加計利息扣抵遺產稅

依遺產及贈與稅法規定，繼承人將被繼承人死亡前二年內贈與的財產以死亡時的時價併入遺產總額內課徵遺產稅時，可將以前所繳納的贈與稅及土地增值稅加計利息，自應納的遺產稅額內扣抵。但扣抵額不可以超過贈與財產併計遺產總額後增加的應納稅額。

六、申報遺產稅應注意死亡前二年內贈與之財產

以往有不少繼承人不知道有「視為遺產之贈與」這項規定，因而漏報遺產稅。所以繼承人在申報遺產稅前，最好先查清楚，被繼承人在死亡前二年內是否有贈與行為，如果符合遺產及贈與

稅法第4條、第5條及第5條之1規定之視爲遺產的贈與情形時，應將贈與的財產，依死亡時的價格併入被繼承人遺產總額中計課遺產稅，以免被國稅局補稅處罰。

法律筆記

◎ 遺產及贈與稅法第4條
本法稱財產，指動產、不動產及其他一切有財產價值之權利。

本法稱贈與，指財產所有人以自己之財產無償給予他人，經他人允受而生效力之行爲。

本法稱經常居住中華民國境內，係指被繼承人或贈與人有左列情形之一：

一、死亡事實或贈與行爲發生前二年內，在中華民國境內有住所者。

二、在中華民國境內無住所而有居所，且在死亡事實或贈與行爲發生前二年內，在中華民國境內居留時間合計逾三百六十五天者。但受中華民國政府聘請從事工作，在中華民國境內有特定居留期限者，不在此限。

本法稱經常居住中華民國境外，係指不合前項經常居住中華民國境內規定者而言。

本法稱農業用地，適用農業發展條例之規定。

◎ 遺產及贈與稅法第5條
財產之移動，具有左列各款情形之一者，以贈與論，依本法規定，課徵贈與稅：

一、在請求權時效內無償免除或承擔債務者，其免除或承擔之債務。

二、以顯著不相當之代價，讓與財產、免除或承擔債務者，其差

額部分。

三、以自己之資金，無償為他人購置財產者，其資金。但該財產
　　為不動產者，其不動產。

四、因顯著不相當之代價，出資為他人購置財產者，其出資與代
　　價之差額部分。

五、限制行為能力人或無行為能力人所購置之財產，視為法定代
　　理人或監護人之贈與。但能證明支付之款項屬於購買人所有
　　者，不在此限。

六、二親等以內親屬間財產之買賣。但能提出已支付價款之確實
　　證明，且該已支付之價款非由出賣人貸與或提供擔保向他人
　　借得者，不在此限。

◎ **遺產及贈與稅法第5條之1**

信託契約明定信託利益之全部或一部之受益人為非委託人者，視
為委託人將享有信託利益之權利贈與該受益人，依本法規定，課
徵贈與稅。

信託契約明定信託利益之全部或一部之受益人為委託人，於信託
關係存續中，變更為非委託人者，於變更時，適用前項規定課徵
贈與稅。

信託關係存續中，委託人追加信託財產，致增加非委託人享有信
託利益之權利者，於追加時，就增加部分，適用第一項規定課徵
贈與稅。

前三項之納稅義務人為委託人。但委託人有第七條第一項但書各
款情形之一者，以受託人為納稅義務人。

◎ **遺產及贈與稅法第11條**

國外財產依所在地國法律已納之遺產稅或贈與稅，得由納稅義務
人提出所在地國稅務機關發給之納稅憑證，併應取得所在地中華
民國使領館之簽證；其無使領館者，應取得當地公定會計師或公

證人之簽證，自其應納遺產稅或贈與稅額中扣抵。但扣抵額不得超過因加計其國外遺產而依國內適用稅率計算增加之應納稅額。被繼承人死亡前二年內贈與之財產，依第十五條之規定併入遺產課徵遺產稅者，應將已納之贈與稅與土地增值稅連同按郵政儲金匯業局一年期定期存款利率計算之利息，自應納遺產稅額內扣抵。但扣抵額不得超過贈與財產併計遺產總額後增加之應納稅額。

◎ **遺產及贈與稅法第15條**

被繼承人死亡前二年內贈與下列個人之財產，應於被繼承人死亡時，視爲被繼承人之遺產，併入其遺產總額，依本法規定徵稅：

一、被繼承人之配偶。

二、被繼承人依民法第一千一百三十八條及第一千一百四十條規定之各順序繼承人。

三、前款各順序繼承人之配偶。

八十七年六月二十六日以後至前項修正公布生效前發生之繼承案件，適用前項之規定。

◎ **遺產及贈與稅法第20條**

左列各款不計入贈與總額：

一、捐贈各級政府及公立教育、文化、公益、慈善機關之財產。

二、捐贈公有事業機構或全部公股之公營事業之財產。

三、捐贈依法登記爲財團法人組織且符合行政院規定標準之教育、文化、公益、慈善、宗教團體及祭祀公業之財產。

四、扶養義務人爲受扶養人支付之生活費、教育費及醫藥費。

五、作農業使用之農業用地及其地上農作物，贈與民法第一千一百三十八條所定繼承人者，不計入其土地及地上農作物價值之全數。受贈人自受贈之日起五年內，未將該土地繼續作農業使用且未在有關機關所令期限內恢復作農業使用，

或雖在有關機關所令期限內已恢復作農業使用而再有未作農業使用情事者，應追繳應納稅賦。但如因該受贈人死亡、該受贈土地被徵收或依法變更為非農業用地者，不在此限。

六、配偶相互贈與之財產。

七、父母於子女婚嫁時所贈與之財物，總金額不超過一百萬元。

八十四年一月十四日以前配偶相互贈與之財產，及婚嫁時受贈於父母之財物在一百萬元以內者，於本項修正公布生效日尚未核課或尚未核課確定者，適用前項第六款及第七款之規定。

案例2

不實財產買賣易涉刑責

錯誤觀念

借用他人名義移轉財產給自己的親屬，可以避開贈與稅。

正確觀念

利用不正當方法避稅，萬一讓國稅局發現，不但會被補徵稅金，還會被處以罰鍰。

生活小故事

「老陳，陳台生！你真的要把土地再移轉給趙爾順他兒子趙子龍嗎？！」老陳的老婆麗淑一大早就氣急敗壞地嚷問著老陳，但這也不是第一次了。

「這是老趙生前拜託我的啊！你也知道我名下的土地原本就是老趙的，當初就是因為他要避開遺產稅，才以買賣的方式先移轉到我的名下，現在老趙已經過世一段時間了，他兒子趙子龍也一直在催辦這件事，妳說我能怎麼辦？」陳台生再一次向老婆麗淑強調土地原本就是趙家的，但麗淑卻不這麼想。

「土地已經過戶到你陳台生的名下了，誰能證明土地不是你的，你就當作是老天爺送給你的，你不為自己想，也要為我想啊！你知道這塊土地現在價值多少錢嗎？光是公告現值就值新

台幣8,000萬元耶！你老陳這一輩子還有什麼能耐可以生出8,000萬！你說！」麗淑知道陳台生性情一向耿直，她一直試圖說服老陳把土地留在自己名下，雖然聲音已出現歇斯底里的狀態，但很顯然地，麗淑這一次可能又要氣得吐血了。

「作人怎麼可以這樣！我陳台生一輩子清清白白的，況且老趙對我有很多的情分，也幫過我很多忙，怎麼老趙一不在了，就忘了這些事呢？！……」陳台生愈講愈激動，幾乎要握拳舉起右手高喊中華民國萬歲了，卻突然陷入短暫的靜默……。

老陳回想起老趙在世的情形，陳台生自認為虧欠趙爾順許多，而依他的個性也從來沒有想過要把暫寄在他名下的土地據為己有，老陳一直認為人可以窮一輩子，但作人的一些基本原則卻永遠不能改變。

多年前，老陳的小妹因沉迷於六合彩積欠地下錢莊近百萬元，就是老趙拿錢出來擺平才免去老家被砸的危機，而這筆錢老趙在世時卻從來沒有催討過，光是這件事就讓老陳一再從夢中哭醒過來，其他生活點滴的幫助，老陳認為老伴麗淑都看在眼裡才對，但為了土地而忘了老趙的恩情！老陳知道自己作不到！

「麗淑，我陳台生最後一次警告妳！不要再有非分之想！」老陳怒視著老伴決斷地講出這些話後，隨即轉頭走出家門，老陳知道接下來麗淑就會上演一哭二鬧三上吊，但這也不是第一次，老陳既不願再配合當演員，也不願當觀眾了。

不過這一筆土地經再移轉給老趙的兒子趙子龍後，也出現了一些老趙生前意料不到的事。

老趙的兒子趙子龍在申報遺產稅時，因土地已依計畫移轉到老陳名下，所以老趙過世時的財產中根本沒有這筆土地，趙子龍遂也沒申報這筆已經「賣掉」的土地。

但國稅局調查發現，老趙的兒子趙子龍和老陳兩人的所得並

不高，應該沒有購地的能力，於是通知趙子龍和老陳提供買賣土地的資金來源及支付價款的證明文件，但兩人卻無法提出合理說明。

國稅局認為趙子龍逃漏遺產稅的意圖太過明顯，遂依規定對趙子龍補徵遺產稅並處罰鍰。

對於這樣的結果，老陳也只能搖搖頭，除了接受事實，他也無可奈何，老陳知道在土地移轉這一件事情上，他只是演員，只是配角，他只能忠於自己作人的原則，對自己、對故人老趙表現出他的誠信！

關鍵說明

一、購置財產要注意資金來源、資金流程及憑證保存

就贈與稅的角度來分析，購買大筆的財產要考慮以下二項事情才不致惹稅上身：

(一) 錢怎麼來？

不論是成年人或是未成年人購買大筆財產，都要考慮錢從哪裡來。是工作所取得、受贈、繼承財產，取得的資金到購買財產的資金流程是否有連貫性等，這些都是要留意的重點。

(二) 憑證要保存

不論買賣雙方是不是有親屬關係，購買大筆財產除要考慮錢從哪裡來之外，保存支付價款的各項憑證也是相當重要的工作。買賣的過程是用自己的支票付款、銀行支票付款，還是利用金融機構轉帳等，一定要有憑有據，最好不要用現金付款，以免日後向國稅局舉證不易而造成困擾。

二、哪些情形是國稅局查核的重點

　　國稅局為了稽徵稅捐,除了不斷掌握資料及提升人員的素質,財政部財稅資料中心所提供的資料更是好用,如果你是以下這些情況之一,那你可要特別留意了。

(一) 當年度的薪資成長幅度不高,但財產卻大量增加。

(二) 薪資所得有限或沒有薪資所得,但卻擁有高額利息所得或有鉅額分離課稅利息。

(三) 無固定收入或年收入有限,但卻擁有三棟以上房屋或高級進口汽車、高爾夫球證等。

(四) 28歲以下,在金融機構有大額存款或財產大量增加者。

(五) 60歲以上,財產大量減少者。

(六) 財產突然大增大減者。

(七) 最近大量出售土地者。

(八) 個人購買土地金額巨大,但近年申報所得明顯不相當者。

(九) 全年有鉅額結匯與申報所得不相當者。

(十) 上市（上櫃）公司股票,於上市前股東有鉅額投資者。

(十一) 投資未上市（上櫃）公司股票金額巨大,申報所得明顯不相當者。

(十二) 領取鉅額土地徵收補償費者。

三、虛偽不實買賣財產被補稅處罰

　　由以上得知,凡是薪資所得不高或年收入有限、財產大量增加、個人購買土地金額巨大並與近年申報所得明顯不相當者,這些都是國稅局在這一則故事中會提出懷疑和注意的重點。案例中,老趙這筆土地的公告現值就有新台幣8,000萬元,而土地經一再移轉,可能已是國稅局鎖定的目標,老趙的兒子趙子龍和老陳雖已套好說詞,但還是被識破,補稅處罰逃不過,還可能被依

偽造文書罪起訴，法律上的風險不小。

法律筆記

◎ 遺產及贈與稅法第4條第2項

本法稱贈與，指財產所有人以自己之財產無償給予他人，經他人允受而生效力之行為。

◎ 刑法第210條

偽造、變造私文書，足以生損害於公眾或他人者，處五年以下有期徒刑。

◎ 刑法第211條

偽造、變造公文書，足以生損害於公眾或他人者，處一年以上七年以下有期徒刑。

◎ 刑法第214條

明知為不實之事項，而使公務員登載於職務上所掌之公文書，足以生損害於公眾或他人者，處三年以下有期徒刑、拘役或一萬五千元以下罰金。

◎ 遺產及贈與稅法第44條

納稅義務人違反第二十三條或第二十四條規定，未依限辦理遺產稅或贈與稅申報者，按核定應納稅額加處二倍以下之罰鍰。

◎ 遺產及贈與稅法第46條

納稅義務人有故意以詐欺或其他不正當方法，逃漏遺產稅或贈與稅者，除依繼承或贈與發生年度稅率重行核計補徵外，並應處以所漏稅額一倍至三倍之罰鍰。

案例3

有遺產沒報稅損失慘重

錯誤觀念

誰去國稅局申報遺產稅，去申報的繼承人就要負責繳納遺產稅。

正確觀念

遺產稅未在規定時間內向國稅局申報，國稅局仍然會主動核定遺產稅，並對納稅義務人補稅處罰。

生活小故事

「除非我死了，否則你們兄弟五個人別想要分家！」柯水添氣憤地望著大兒子萬財仔、二兒子萬福仔、老三萬壽仔及老四萬居仔，胸口不停地上下顫抖著，喘過一口大氣之後一直止不住咳嗽，但萬財仔等人都陷於靜默，對於老父親的咳嗽聲不理不睬。

「阿爸，你手上的土地和房子也是祖先留下來的啊！」萬財仔小聲地提出抗議。

「是啊！阿爸，現在房地產價錢正看好，我簡單算了一下，阿爸名下的土地和房子沒有5億，也能賣個3、4億，趁這個時候分一分比較不會吃虧！」老二萬福仔一提到房地產的價值，心中就忍不住像麻雀一樣地跳躍著，眼神裡也不自主地閃現黃金般的

光芒。

「對啊！阿爸，你就把財產分一分，我們兄弟的生活也比較好過啊！」萬居仔大聲贊同萬福仔的說詞，並用手肘輕碰一下老三萬壽仔的身體，暗示他該說話了。

「對對對！如果阿爸一下子死了，那怎麼辦？！這些財產……」一向不善言詞的萬壽仔一開口就撞翻了這一場家庭會議，萬財仔和萬福仔都轉頭怒視著萬壽仔，萬居仔更從椅子上誇張地摔落下來，他們知道又被打敗了。

「滾！」柯水添漲紅著像豬肝的臉，氣虛弱聲地軟吼出這句話以後隨即昏死過去，萬財仔等四個兄弟七手八腳地扶起老父親，搧風、餵水一陣忙亂，只見沒有好轉，遂叫車送往醫院急救。

「打電話叫老五萬喜仔回家吧！」柯水添在醫院醒來的第一句話就是叫仍在外地工作的屘子萬喜仔回家，但此後住院長達三個多月的時間裡，柯水添卻一直陷入昏睡當中，即使醒來也只是半睜著眼，眼神中也找不到半點有意識的光芒，醫生也告知情況並不樂觀。

一聽到父親重病住院的屘子萬喜仔趕回家後，即守在父親的病床旁寸步不離，萬財仔、萬福仔、萬壽仔和萬居仔四個人根本無視萬喜仔的存在，照顧老父親柯水添的責任也似乎是萬喜仔一個人的責任而已，萬喜仔也冷眼看著這一切，也看著幾個哥哥們……。

「阿爸這次活不了了！」「阿爸名下的土地和房子怎麼分呢？」「對啊！我算過了，依現在的行情應該有4億多元才對！」「可能短時間內賣不掉吧！」「遺產稅可能不少錢吧！」「對啊！以前叫阿爸早一點分財產，他就是不願意！」「是啊！遺產稅可能也要賣地才有辦法繳吧！」萬財仔、萬福仔、萬壽

仔、萬居仔四個兄弟在醫院時就是討論財產如何分配的問題，但也始終沒有結果。

　　柯水添在醫院住了整整一百天即撒手人寰，為了分攤醫藥費的問題，兄弟間就有不少耳語和爭執，財產如何分配的問題也一直無法擺平，兄弟之間也吵過幾次架。

　　就在柯水添入土安葬那天，天空下著細雨，灰濛濛的天空使人厭煩、不舒服，跟著送葬隊伍走上山頭的萬財仔、萬福仔、萬壽仔、萬居仔四人都壓抑著怒氣，前一天分財產的會議中兄弟間已經撕破臉了，但如何分配財產卻仍無結果。

　　突然間，大哥萬財仔腳下一滑，順手抓住老二萬福仔，接著又絆倒萬壽仔和萬居仔，不知何故，只聽到一些叫罵聲後，萬財仔、萬福仔、萬壽仔、萬居仔四人就互相捉抱在一起，「財產沒有分好就不要下葬！」不知是誰喊出這句話後，四人早已扭打得天昏地暗。

　　送葬隊伍那天將棺木抬回家裡後，柯水添真的在家裡又整整躺了三個月，柯水添第二次下葬的當天仍然是淒風苦雨，不過那年冬天的雨已換成陣陣的春雨，也或許春雨比較能澆息萬財仔兄弟間的火氣，柯水添這一次終於順利安葬了，但回到老家要討論財產怎麼分時，卻發現少了五弟萬喜仔，於是繼承人賭氣都不申報遺產稅，結果……。

關鍵說明

一、繼承人未申報遺產稅會有什麼後果

　　對於遺產稅案件，繼承人沒有在法定的六個月內申報遺產稅，就會有一連串的處罰規定，分別說明如下：

(一) 應納稅額2倍以下罰鍰

繼承人對遺產分配談不攏，賭氣連遺產稅都不申報，依遺產及贈與稅法規定，如果超過法定的六個月申報期間，馬上會有應納稅額2倍以下的罰鍰，對於遺產金額龐大的繼承案件，繼承人被罰的金額相當可觀。

(二) 滯納金

繼承人在遺產稅限繳日期內仍未繳納，每超過三天會被加罰應納稅額1%的滯納金，最高可罰到應納稅額的10%。

(三) 加徵利息

繼承人如果還不繳納遺產稅，應納稅額還會被國稅局加計利息至繼承人繳納稅款為止。

(四) 強制執行

國稅局為保全稅捐還會依法移送行政執行處，緊接著強制執行、限制繼承人出境及禁止財產處分等相關保全措施就會陸續出現。繼承人意氣用事，只會損失慘重，於事無補。

二、遺產分割談不攏怎麼辦

繼承人對遺產如何分割有意見時，除儘量縮短遺產分割協議的時間之外，拉長遺產稅處理的時程也是一項可行的解決方式，繼承人可以爭取較長的時間研商遺產如何分配，不會受到國稅局的處罰。

(一) 向國稅局申請延期申報

繼承人從被繼承人過世後，除了有法定的六個月申報期間，還可以在申報期間內向國稅局申請延期申報遺產稅，除了法定的六個月申報期間，最少還可再延期三個月。

(二) 國稅局審核期間

如果繼承人在九個月內還不能達成共識，可由繼承人之一在

期限內申報遺產稅，國稅局在審核金額龐大的繼承案件時，尚須一段核稅期間。

(三) 向國稅局申請延期繳納

國稅局將遺產稅繳款書核發後，繼承人如果還有意見，除了二個月的繳納期限，繼承人還可向國稅局申請延期繳納，可再多出二個月的緩衝時間，這段期間繼承人不須負擔利息。如此這般拖延，除了有爭取時間的好處，也不會被國稅局處以罰鍰、滯納金及加計利息。

(四) 向國稅局申請分單繳納

到了這個地步，繼承人如果還不能解決，仍可利用遺產及贈與稅法分單繳納的規定，繼承人按其法定應繼分繳納部分遺產稅款後，可向國稅局申請核發同意移轉證明書，辦理不動產的公同共有繼承登記，這樣可以避免被地政事務所處以罰鍰。

(五) 向國稅局申請分期繳納

如果遺產稅應納稅額在30萬元以上，繼承人確有困難，不能一次繳納現金時，也可依遺產及贈與稅法規定，在遺產稅繳納期限內，向該管稽徵機關申請，分18期以內繳納，每期間隔以不超過二個月為限，或是以遺產稅課徵標的物抵繳應納遺產稅，這也是另一項可解決的辦法。

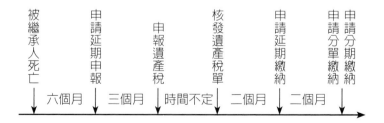

法律筆記

◎ 遺產及贈與稅法第23條

被繼承人死亡遺有財產者，納稅義務人應於被繼承人死亡之日起六個月內，向戶籍所在地主管稽徵機關依本法規定辦理遺產稅申報。但依第六條第二項規定由稽徵機關申請法院指定遺產管理人者，自法院指定遺產管理人之日起算。

被繼承人為經常居住中華民國境外之中華民國國民或非中華民國國民死亡時，在中華民國境內遺有財產者，應向中華民國中央政府所在地之主管稽徵機關辦理遺產稅申報。

◎ 遺產及贈與稅法第26條

遺產稅或贈與稅納稅義務人具有正當理由不能如期申報者，應於前三條規定限期屆滿前，以書面申請延長之。

前項申請延長期限以三個月為限。但因不可抗力或其他有特殊之事由者，得由稽徵機關視實際情形核定之。

◎ 遺產及贈與稅法第30條

遺產稅及贈與稅納稅義務人，應於稽徵機關送達核定納稅通知書之日起二個月內，繳清應納稅款；必要時，得於限期內申請稽徵機關核准延期二個月。

遺產稅或贈與稅應納稅額在三十萬元以上，納稅義務人確有困難，不能一次繳納現金時，得於納稅期限內，向該管稽徵機關申請，分十八期以內繳納，每期間隔以不超過二個月為限。

經申請分期繳納者，應自繳納期限屆滿之次日起，至納稅義務人繳納之日止，依郵政儲金一年期定期儲金固定利率，分別加計利息；利率有變動時，依變動後利率計算。

遺產稅或贈與稅應納稅額在三十萬元以上，納稅義務人確有困難，不能一次繳納現金時，得於納稅期限內，就現金不足繳納部

分申請以在中華民國境內之課徵標的物或納稅義務人所有易於變
價及保管之實物一次抵繳。中華民國境內之課徵標的物屬不易變
價或保管，或申請抵繳日之時價較死亡或贈與日之時價為低者，
其得抵繳之稅額，以該項財產價值占全部課徵標的物價值比例計
算之應納稅額為限。

本法中華民國九十八年一月十二日修正之條文施行前所發生未結
之案件，適用修正後之前三項規定。但依修正前之規定有利於納
稅義務人者，適用修正前之規定。

第四項抵繳財產價值之估定，由財政部定之。

第四項抵繳之財產為繼承人公同共有之遺產且該遺產為被繼承人
單獨所有或持分共有者，得由繼承人過半數及其應繼分合計過半
數之同意，或繼承人之應繼分合計逾三分之二之同意提出申請，
不受民法第八百二十八條第三項限制。

◎ **遺產及贈與稅法第41條之1**

繼承人為二人以上時，經部分繼承人按其法定應繼分繳納部分遺
產稅款、罰鍰及加徵之滯納金、利息後，為辦理不動產之公同共
有繼承登記，得申請主管稽徵機關核發同意移轉證明書；該登記
為公同共有之不動產，在全部應納款項未繳清前，不得辦理遺產
分割登記或就公同共有之不動產權利為處分、變更及設定負擔登
記。

◎ **遺產及贈與稅法第44條**

納稅義務人違反第二十三條或第二十四條規定，未依限辦理遺產
稅或贈與稅申報者，按核定應納稅額加處二倍以下之罰鍰。

◎ **遺產及贈與稅法第46條**

納稅義務人有故意以詐欺或其他不正當方法，逃漏遺產稅或贈與
稅者，除依繼承或贈與發生年度稅率重行核計補徵外，並應處以
所漏稅額一倍至三倍之罰鍰。

◎ 遺產及贈與稅法第51條

納稅義務人對於核定之遺產稅或贈與稅應納稅額，逾第三十條規定期限繳納者，每逾二日加徵應納稅額百分之一滯納金；逾三十日仍未繳納者，主管稽徵機關應移送強制執行。但因不可抗力或不可歸責於納稅義務人之事由，致不能於法定期間內繳清稅捐，得於其原因消滅後十日內，提出具體證明，向稽徵機關申請延期或分期繳納經核准者，免予加徵滯納金。

前項應納稅款，應自滯納期限屆滿之次日起，至納稅義務人繳納之日止，依郵政儲金一年期定期儲金固定利率，按日加計利息，一併徵收。

◎ 稅捐稽徵法第20條

依稅法規定逾期繳納稅捐應加徵滯納金者，每逾三日按滯納數額加徵百分之一滯納金；逾三十日仍未繳納者，移送強制執行。但因不可抗力或不可歸責於納稅義務人之事由，致不能依第二十六條、第二十六條之一規定期間申請延期或分期繳納稅捐者，得於其原因消滅後十日內，提出具體證明，向稅捐稽徵機關申請回復原狀並同時補行申請延期或分期繳納，經核准者，免予加徵滯納金。

中華民國一百十年十一月三十日修正之本條文施行時，欠繳應納稅捐且尚未逾計徵滯納金期間者，適用修正後之規定。

案例4

死前賣地反繳更多稅金

錯誤觀念

為規避遺產稅，在生前將土地出售，可以少繳遺產稅。

正確觀念

繼承人繼承土地後，再出售所繼承之土地，除了可以用土地公告現值計課遺產稅，還可以免徵土地增值稅。

生活小故事

「武雄才剛上高中就打架鬧事，桂花妳知道這件事嗎？」蔡有利氣極敗壞地詢問妻子桂花，他實在不相信兒子武雄一進高中就變了一個人似的。

「不會吧！武雄雖然平時比較好動，但應該不會和人打架才對啊！他剛考上第一高中的時候，你還擺桌請客呢！」桂花不願相信寶貝兒子會作出讓她傷心的事，記得武雄剛考上第一高中時，桂花流下了欣慰的淚水，武雄也答應她一定會好好用功讀書。不可能！武雄才剛進高中讀第一學期而已，他不可能和人打架啊！

「桂花，這是學校寄來的退學通知書，妳說這會騙人嗎？」平時嚴肅、不苟言笑的蔡有利心裡比誰都還難過，為了武雄考上

第一高中而擺桌請親戚、朋友就好像是昨天的事而已，記得當時是多麼得意和興奮，但現在不僅狠狠地打了他一巴掌，以後蔡有利的頭根本就抬不起來了。

「真的嗎？要不要到學校問問看到底發生什麼事？找武雄過來問問看！或許是哪裡出錯了？你相信這種事嗎？我不相信！我不相信武雄會這樣！不會的……」桂花一下子跌坐在椅子上，嘴裡一直喃喃自語。

「……。」蔡有利轉頭偷偷擦著眼淚，他想著接下來怎麼辦？

蔡有利再轉頭看著妻子桂花，對於這件多年前的往事，心裡還是有些心痛和遺憾（至少現在武雄也已娶妻生子了），「桂花，如果當初不是妳的阻止，我真想把武雄趕出去！妳知道我當時在親戚、朋友面前真是羞愧得抬不起頭來！」

「還不是因為你自己的脾氣和面子，再怎麼說，武雄也是我們的親生兒子啊！」桂花手裡抱著孫子小武雄，笑咪咪地說著：「對了，你這幾年身體不好又常住院，應該考慮把財產移轉給武雄了吧。」

「武雄作事還是很莽撞，等他定性一些再說吧！」其實蔡有利早已想過這些事，他名下的財產應該有接近1億元左右，但武雄作過的生意都沒有賺過錢，每個月都是向蔡有利調錢周轉，蔡有利就是怕武雄一下子把家產敗光，所以一直不願把所有財產移轉給武雄。

但就在那幾個月，蔡有利又住進了醫院，他知道已來日不多了，只好答應桂花把所有財產交由武雄處理，武雄為了逃避遺產稅，先將父親蔡有利名下一筆公告現值5,000萬元的土地賣掉，實際買賣價款則為8,000萬元，武雄並在簽約時先收取1,000萬元

的頭期款。

　　不幸的是，就在武雄簽完買賣土地合約拿到1,000萬元的頭期款後不久，土地尚未過戶到買方名下，武雄的父親蔡有利就在這個時候去世了。

　　在申報遺產稅時，武雄也依規定將已收取的1,000萬元頭期款列入蔡武雄的遺產總額中申報，雖然這筆土地還未過戶給買方，但武雄以為這筆土地已經賣掉，而沒有列在遺產中申報遺產稅，但這筆土地卻被國稅局查出，除了補徵遺產稅，武雄還被處以罰款。

　　「桂花，我說的沒錯吧！武雄作事還是莽莽撞撞的，總是會出一點小差錯，今後妳更要多叮嚀他一些！……。」桂花哭紅著雙眼從床上坐了起來，痴痴地想著剛剛夢裡的話。

關鍵說明

一、死前出售土地要繳更多稅金

　　被繼承人死亡前出售土地，雖然在過世前仍未過戶給買方，是屬於被繼承人的未償債務，依照財政部規定，必須列入被繼承人的遺產總額中，再予以同額扣除，對於應收未收的尾款，則屬於被繼承人的債權，應列入被繼承人的遺產總額中計課遺產稅。以本案例來說，繼承人應把出售公告現值5,000萬元的土地列入被繼承人的遺產總額中，再予以同額扣除（扣除土地價值5,000萬元），另外還要把未收的尾款7,000萬元（屬於被繼承人的債權）加進遺產總額內計課遺產稅。被繼承人的遺產總額不僅無形中增加了3,000萬元，還要負擔土地增值稅，國稅局對繼承人漏報的遺產土地再處以罰鍰，真是節稅不成反而繳更多的稅。

二、出售財產價金流向要留意

　　國稅局對被繼承人生前出售財產所收取的價金，會追查資金的流向，如果這些錢有流入繼承人的銀行帳戶，就可能造成漏報贈與稅及遺產稅，到時候不但要補稅還會被處以罰鍰，這點繼承人要特別小心。

三、繼承土地免徵土地增值稅

　　土地稅法規定，因繼承而移轉的土地免徵土地增值稅，而且土地的前次移轉現值從被繼承人死亡的年度開始算起。對於長久沒有移轉的土地，土地增值稅的稅率可能高達40%，所以生前要移轉土地來節省遺產稅，可要仔細盤算清楚，免得多繳稅金。

四、過世前出售財產被補稅處罰

　　案例中如果武雄不急著出售父親蔡有利名下的土地，國稅局只會依該筆土地的公告現值新台幣5,000萬元來課徵遺產稅，而且蔡有利所持有期間的土地增值部分也全部免徵。不過武雄在蔡有利過世前將這筆土地以新台幣8,000萬元賣掉後，他就必須以成交價8,000萬元併入蔡有利的遺產總額中申報，但武雄只申報1,000萬元，事經國稅局查出後，武雄不但須補繳遺產稅，對於漏報遺產稅額的部分更被處以罰款，而土地增值稅也必須一併繳納，這一些武雄可能都沒有搞清楚。

法律筆記

◎ **遺產及贈與稅法第1條**
凡經常居住中華民國境內之中華民國國民死亡時遺有財產者，應就其在中華民國境內境外全部遺產，依本法規定，課徵遺產稅。

經常居住中華民國境外之中華民國國民，及非中華民國國民，死亡時在中華民國境內遺有財產者，應就其在中華民國境內之遺產，依本法規定，課徵遺產稅。

◎ **遺產及贈與稅法第4條第1項**

本法稱財產，指動產、不動產及其他一切有財產價值之權利。

◎ **遺產及贈與稅法第10條**

遺產及贈與財產價值之計算，以被繼承人死亡時或贈與人贈與時之時價為準；被繼承人如係受死亡之宣告者，以法院宣告死亡判決內所確定死亡日之時價為準。

本法中華民國八十四年一月十五日修正生效前發生死亡事實或贈與行為而尚未核課或尚未核課確定之案件，其估價適用修正後之前項規定辦理。

第一項所稱時價，土地以公告土地現值或評定標準價格為準；房屋以評定標準價格為準；其他財產時價之估定，本法未規定者，由財政部定之。

◎ **遺產及贈與稅法第14條**

遺產總額應包括被繼承人死亡時依第一條規定之全部財產，及依第十條規定計算之價值。但第十六條規定不計入遺產總額之財產，不包括在內。

◎ **土地稅法第28條**

已規定地價之土地，於土地所有權移轉時，應按其土地漲價總數額徵收土地增值稅。但因繼承而移轉之土地，各級政府出售或依法贈與之公有土地，及受贈之私有土地，免徵土地增值稅。

◎ **土地稅法第31條**

土地漲價總數額之計算，應自該土地所有權移轉或設定典權時，經核定之申報移轉現值中減除下列各款後之餘額，為漲價總數額：

一、規定地價後，未經過移轉之土地，其原規定地價。規定地價後，曾經移轉之土地，其前次移轉現值。

二、土地所有權人為改良土地已支付之全部費用，包括已繳納之工程受益費、土地重劃費用及因土地使用變更而無償捐贈一定比率土地作為公共設施用地者，其捐贈時捐贈土地之公告現值總額。

前項第一款所稱之原規定地價，依平均地權條例之規定；所稱前次移轉時核計土地增值稅之現值，於因繼承取得之土地再行移轉者，係指繼承開始時該土地之公告現值。但繼承前依第三十條之一第三款規定領回區段徵收抵價地之地價，高於繼承開始時該土地之公告現值者，應從高認定。

土地所有權人辦理土地移轉繳納土地增值稅時，在其持有土地期間內，因重新規定地價增繳之地價稅，就其移轉土地部分，准予抵繳其應納之土地增值稅。但准予抵繳之總額，以不超過土地移轉時應繳增值稅總額百分之五為限。

前項增繳之地價稅抵繳辦法，由行政院定之。

◎ **被繼承人死亡前出售土地未辦登記者仍屬未償債務（財政部72年3月3日台財稅第31402號函）**

被繼承人生前出售土地，訂有買賣契約並已取得價款，惟因故延至死亡時仍未辦理移轉登記，該已出售之財產，雖因未辦移轉登記之故而應認屬遺產，惟移轉該項財產與買受人，亦屬被繼承人生前未曾履行之債務，有關此項未償債務扣除額之認定，應准按該土地計列遺產價值之數額扣除，至被繼承人生前出售該地所取得之價款，如於其死亡仍然存在者，應列入遺產總額課稅。

◎ **遺產及贈與稅法第23條**

被繼承人死亡遺有財產者，納稅義務人應於被繼承人死亡之日起六個月內，向戶籍所在地主管稽徵機關依本法規定辦理遺產稅申

報。但依第六條第二項規定由稽徵機關申請法院指定遺產管理人者，自法院指定遺產管理人之日起算。

被繼承人爲經常居住中華民國境外之中華民國國民或非中華民國國民死亡時，在中華民國境內遺有財產者，應向中華民國中央政府所在地之主管稽徵機關辦理遺產稅申報。

◎ **遺產及贈與稅法第44條**

納稅義務人違反第二十三條或第二十四條規定，未依限辦理遺產稅或贈與稅申報者，按核定應納稅額加處二倍以下之罰鍰。

◎ **遺產及贈與稅法第45條**

納稅義務人對依本法規定，應申報之遺產或贈與財產，已依本法規定申報而有漏報或短報情事者，應按所漏稅額處以二倍以下之罰鍰。

案例5

沒有繼承遺產也要負擔全部遺產稅？

錯誤觀念

繼承人沒有分到遺產就不必負擔遺產稅。

正確觀念

繼承人只要沒有拋棄繼承，不論繼承遺產多寡，對於遺產稅都要負連帶責任。

生活小故事

「法院怎麼可以強制執行我名下的不動產？這不合理啊！」阿嬌一接到地方法院的掛號信函後，整個人不可置信地癱坐在椅子上，阿嬌對於這個突如其來的意外不知如何對丈夫阿德解釋，整個人陷入沉思和回憶中……

「阿德，我父親死後留下一些農地和一些股票、現金，我想拋棄繼承，全部給我哥哥阿明一個人繼承，你說怎麼樣？」自從父親死後，阿嬌的情緒一直不好，對父親留下的一些農地總覺得祖產應留給哥哥阿明才對，但阿嬌仍然想知道丈夫阿德的想法。

「我沒有意見，我覺得這是妳和妳哥哥阿明的事，我也不好插嘴。」阿德眼睛看著報紙的股票行情，嘴裡隨意應答妻子阿嬌

的問話。

「我父親留下的那些農地，我哥阿明說光是公告現值就有1億元，我想全部拋棄由我哥繼承，你真的沒有意見嗎？」阿嬌很慎重地告訴丈夫阿德這些農地的價值，不希望以後反悔而造成夫妻吵架。

阿德一聽到那些農地的公告現值就有1億元，心裡著實心動了一下，轉頭看著妻子阿嬌，認真地想了一下說：「我還是不方便說什麼，妳也知道幾年前我的生意陷入困境，股票又全部被套牢時，是你父親先賣了一塊土地給我應急，我的生意才有辦法支撐到現在，股票現在也已回漲，我們現在的身價恐怕也不只1億元了，這都是靠你父親的幫忙才有現在這個局面，所以如果妳要拋棄父親留下的財產，而全部給妳哥哥阿明繼承，我也支持妳的作法，我沒有意見。」

阿嬌也很放心地把她的想法和丈夫阿德的話轉達給哥哥阿明，她說：「我和阿德早已不在鄉下住了，也不可能再回來種田，這些農地也算是祖產，應該全部由你繼承。」

阿明也知道幾年前，死去的父親曾賣了一塊地資助阿嬌和妹婿阿德的事，因為阿明和阿嬌從小感情就很好，對於父親處理的方式也不敢有什麼意見，現在阿嬌拋棄父親遺留下來的這些價值上億元的農地，阿明和阿嬌都認為這是一個大家都能接受的方式，但兄妹倆嘴巴上卻都沒有明說。

不過阿明考慮到如果阿嬌全部拋棄繼承，將會少了一個遺產稅扣除額，所以經過兄妹倆討論後，阿明和阿嬌遂變更原有的協議，改由阿明繼承包括這些農地在內的大部分財產，阿嬌則只象徵性地繼承一些現金。

阿明和阿嬌對於這樣的處理方式都認為很不錯，但阿明在繼承這些財產不久後，卻因為投資生意失敗，所繼承的農地被法院

拍賣，這也迫使阿明無法繼續經營農業生產，但阿明的不幸卻還未停止，甚至阿嬌也遭受池魚之殃。

阿明所繼承免徵遺產稅的農地依規定在五年內是不能再轉讓或變賣的，所以這些農地被法院拍賣後，國稅局即依規定追繳阿明原核定免徵遺產稅的農地應納稅額，並依法強制執行阿嬌名下的不動產。

雖然阿嬌告訴國稅局說她只繼承少部分的現金而已，也強調她沒有繼承農地，但最後國稅局還是不予理會，讓阿嬌不知如何是好！癱坐在椅子上的阿嬌似乎已忘了時間的存在，此刻她真希望就這樣靜靜地坐著，時間也能永遠凝結住。

「親愛的，我回來了！」阿德進門後習慣地叫著阿嬌……

關鍵說明

一、拋棄繼承須在知悉被繼承人死亡後三個月內向法院提出

依照民法規定，拋棄繼承應於知悉其得繼承之時起三個月內以書面向法院為之。就本案例來說，阿嬌如果選擇拋棄繼承，依民法規定，即溯及於繼承開始時發生效力。換句話說，阿嬌從被繼承人死亡開始就不是繼承人，跟遺產繼承沒有任何的關係。但阿嬌沒有在民法規定的期間內拋棄繼承，就是承認繼承，雖然僅是象徵性地繼承少許現金，也仍然必須負擔繼承人所應負的所有義務。

二、繼承免稅農地必須繼續經營農業生產滿五年才能解除管制

依遺產及贈與稅法規定，遺產中的農業用地如果有繼續經營

農業生產的事實，不僅可扣除土地全部價值，連地上農作物也可自遺產總額中扣除。但繼承人必須繼續經營農業生產滿五年，才可以不必追繳已扣除的遺產稅額。在本案例中，繼承人阿明就是在這五年內，所繼承的農業用地被法院拍賣，無法繼續經營農業生產，才會被國稅局追繳原來免繳的遺產稅。

三、拋棄繼承不可以只拋棄一部分

阿嬌雖向國稅局主張當初與其兄阿明是協議分割遺產，她只繼承少許的現金，並沒有繼承農業用地，國稅局不應該強制執行她的財產，應向阿明追繳遺產稅。但依民法規定，繼承人拋棄繼承權，應就全部遺產為之，部分拋棄者不生效力。因此阿嬌依法仍須負擔應納的遺產稅賦。

四、遺產未拋棄有風險存在

就遺產稅的觀點來說，繼承人選擇拋棄繼承，在遺產稅申報就不能享受扣除額，並不符合節稅的作法。但如果繼承人擔心被繼承人未來可能會有債務出現，或是像本案例的情形發生時，就一定有其風險存在，這點值得繼承人慎重考慮。

法律筆記

◎ **遺產及贈與稅法第4條第1項**

本法稱財產，指動產、不動產及其他一切有財產價值之權利。

◎ **遺產及贈與稅法第10條**

遺產及贈與財產價值之計算，以被繼承人死亡時或贈與人贈與時之時價為準；被繼承人如係受死亡之宣告者，以法院宣告死亡判決內所確定死亡日之時價為準。

本法中華民國八十四年一月十五日修正生效前發生死亡事實或贈與行爲而尚未核課或尚未核課確定之案件，其估價適用修正後之前項規定辦理。

第一項所稱時價，土地以公告土地現值或評定標準價格爲準；房屋以評定標準價格爲準；其他財產時價之估定，本法未規定者，由財政部定之。

◎ **遺產及贈與稅法第12條之1**

本法規定之下列各項金額，每遇消費者物價指數較上次調整之指數累計上漲達百分之十以上時，自次年起按上漲程度調整之。調整金額以萬元爲單位，未達萬元者按千元數四捨五入：

一、免稅額。

二、課稅級距金額。

三、被繼承人日常生活必需之器具及用具、職業上之工具，不計入遺產總額之金額。

四、被繼承人之配偶、直系血親卑親屬、父母、兄弟姊妹、祖父母扣除額、喪葬費扣除額及身心障礙特別扣除額。

財政部於每年十二月底前，應依據前項規定，計算次年發生之繼承或贈與案件所應適用之各項金額後公告之。所稱消費者物價指數，指行政院主計總處公布，自前一年十一月起至該年十月底爲止十二個月平均消費者物價指數。

◎ **遺產及贈與稅法第17條**（按物價指數調整後之金額請見附錄）

下列各款，應自遺產總額中扣除，免徵遺產稅：

一、被繼承人遺有配偶者，自遺產總額中扣除四百萬元。

二、繼承人爲直系血親卑親屬者，每人得自遺產總額中扣除四十萬元。其有未成年者，並得按其年齡距屆滿成年之年數，每年加扣四十萬元。但親等近者拋棄繼承由次親等卑親屬繼承

　　者，扣除之數額以拋棄繼承前原得扣除之數額爲限。

三、被繼承人遺有父母者，每人得自遺產總額中扣除一百萬元。

四、前三款所定之人如爲身心障礙者權益保障法規定之重度以上身心障礙者，或精神衛生法規定之嚴重病人，每人得再加扣五百萬元。

五、被繼承人遺有受其扶養之兄弟姊妹、祖父母者，每人得自遺產總額中扣除四十萬元；其兄弟姊妹中有未成年者，並得按其年齡距屆滿成年之年數，每年加扣四十萬元。

六、遺產中作農業使用之農業用地及其地上農作物，由繼承人或受遺贈人承受者，扣除其土地及地上農作物價值之全數。承受人自承受之日起五年內，未將該土地繼續作農業使用且未在有關機關所令期限內恢復作農業使用，或雖在有關機關所令期限內已恢復作農業使用而再有未作農業使用情事者，應追繳應納稅賦。但如因該承受人死亡、該承受土地被徵收或依法變更爲非農業用地者，不在此限。

七、被繼承人死亡前六年至九年內，繼承之財產已納遺產稅者，按年遞減扣除百分之八十、百分之六十、百分之四十及百分之二十。

八、被繼承人死亡前，依法應納之各項稅捐、罰鍰及罰金。

九、被繼承人死亡前，未償之債務，具有確實之證明者。

十、被繼承人之喪葬費用，以一百萬元計算。

十一、執行遺囑及管理遺產之直接必要費用。

被繼承人如爲經常居住中華民國境外之中華民國國民，或非中華民國國民者，不適用前項第一款至第七款之規定；前項第八款至第十一款規定之扣除，以在中華民國境內發生者爲限；繼承人中拋棄繼承權者，不適用前項第一款至第五款規定之扣除。

◎ **民法第273條**

連帶債務之債權人，得對於債務人中之一人或數人或其全體，同時或先後請求全部或一部之給付。

連帶債務未全部履行前，全體債務人仍負連帶責任。

◎ **民法第1164條**

繼承人得隨時請求分割遺產。但法律另有規定或契約另有訂定者，不在此限。

◎ **民法第1174條**

繼承人得拋棄其繼承權。

前項拋棄，應於知悉其得繼承之時起三個月內，以書面向法院為之。

拋棄繼承後，應以書面通知因其拋棄而應為繼承之人。但不能通知者，不在此限。

◎ **民法第1175條**

繼承之拋棄，溯及於繼承開始時發生效力。

案例6

重病期間快速移轉財產，國稅局嚴查！

錯誤觀念

遺產稅申報僅就被繼承人死亡時所遺留之遺產申報即可。

正確觀念

被繼承人死亡前二年內贈與財產給遺產及贈與稅法第15條規定的特定親屬的財產都須申報遺產稅，否則會被國稅局補稅處罰。

生活小故事

警方告訴黃博晏，他家裡的竊案應該是熟人所為，因為門窗都沒有破壞的痕跡，並且防盜裝置也沒有被破壞及啟動的現象，損失的是100萬元現金，股票等有價證券均安然無恙，這時黃博晏心裡已經知道是誰拿了這些錢，警方暗示黃博晏是否確定要報案時，他立即表示會慎重考慮，隨即送走警方人員。

黃博晏的妻子黃楊雅惠在一旁聽了警方的偵查報告後，也趕緊附和丈夫黃博晏重新考慮報案的說法，對於警方而言，超過100萬元即屬重大竊案，對考績會有一定程度的影響，所以現場判斷黃博晏家裡可能另有隱情後，也樂得順水推舟，要黃博晏夫婦考慮報案後的影響。

　　黃楊雅惠也知道誰偷了這些錢，送走警方後，她和黃博晏坐在沙發上對望。

　　「畜牲！」黃博晏終於忍不住罵了出來，偷這些錢的人一定是他們的兒子黃大方！而且這是近三個月來的第二次了，黃博晏氣得咬牙切齒，手也不斷地顫抖著。

　　「博晏，你有心臟病！先不要生氣，等大方回家再好好地問問看，也不要不分青紅皂白地冤枉他呀！」黃楊雅惠雖然也懷疑偷錢的人就是兒子黃大方，但護子心切的她趕緊安慰丈夫黃博晏，也害怕他突然又心臟病發。

　　「兒子都讓妳寵壞了，要不是妳每次都袒護他，今天他也不會變成這個樣子！」黃博晏氣喘吁吁，身體的顫抖並未減緩，整個臉也漲紅著。

　　黃楊雅惠不敢在這個時候太爲自己辯白，她擔心黃博晏才從醫院出來一個禮拜，身體狀況還不穩定，只能好言相勸，並一再發誓絕不再寵兒子黃大方了，她告訴丈夫黃博晏說：「身體要緊！……」

　　說時遲那時快，黃博晏右手緊壓著左胸口喊了聲「痛！」隨即人就暈死過去。「博晏！博晏！……」

　　黃博晏經救護車緊急送醫後確定是心臟病復發，他的妻子黃楊雅惠立即通知兒子黃大方到醫院探視、照顧，黃大方一到醫院卻是擔心父親黃博晏萬一過世，其名下的財產將要課徵不少遺產稅，所以經勸說母親黃楊雅惠同意後，黃大方迅速將父親黃博晏名下所有股票出售，他也將父親名下的定存解約，並提領所有存款全部轉入自己的帳戶中。

　　就在那幾天，黃博晏都未能清醒交代後事，不久就過世了，黃大方以爲股票及現金均轉入其帳戶中沒人會知道，所以申報遺產稅時，股票和現金均隱匿未報，只將還在父親黃博晏名下的不

動產申報遺產稅而已。

但經國稅局查核黃博晏死前的綜合所得稅申報資料後，發現黃博晏每年都有鉅額股息及利息收入，故判定黃博晏過世時應有為數不少的股票和存款，可是繼承人黃大方卻沒有提出任何股票、存款或現金的申報。

經進一步查獲黃博晏死亡前有出售股票及提領存款轉入黃大方帳戶的情形，又經醫院病歷瞭解，黃博晏從送入醫院後即未清醒，不久後隨即過世。

於是國稅局將黃博晏死亡前移轉的財產合併課徵遺產稅，並依規定補稅處罰。

就在那幾天，一直傷心欲絕的黃楊雅惠好像聽到丈夫黃博晏告訴她：「金錢是子女的，健康快樂才是自己的，唉……」突然間一縷輕煙向西方極樂世界而去，似乎已看不出有心臟病的樣子……

關鍵說明

一、重病期間移轉財產要補稅處罰

依照稅法規定，被繼承人死亡前因重病無法處理事務期間舉債、出售財產或提領存款，而其繼承人對該項借款、價金或存款不能證明其用途者，該項借款、價金或存款，仍應列入遺產課稅。因此，當被繼承人生前已處於重病無法處理事務期間，繼承人對於財產的移動要特別小心，否則非常容易因此而受到國稅局依漏報遺產稅補稅處罰。以本案例分析，繼承人黃大方在被繼承人黃博晏重病期間，將其所有股票出售、定存解約、提領存款，全部存入自己帳戶，未申報遺產稅，經國稅局查證後，不但要補徵遺產稅，還要處以罰鍰，真是「偷雞不成蝕把米」。

二、「重病期間」怎麼認定

　　被繼承人死亡前因重病無法處理事務期間，是指被繼承人有意識不清或精神耗弱而不能處理事務的期間。國稅局如果查到被繼承人死亡前有快速移轉財產的情形時，通常會向被繼承人死亡前的醫院查詢被繼承人死亡前的病情資料，瞭解被繼承人有沒有處於精神耗弱或意識不清的情形及持續的時間，藉以判斷是否適用遺產及贈與稅法施行細則第13條規定辦理。

三、重病期間移轉財產會有什麼後果

　　被繼承人重病期間，繼承人快速移轉財產可能會面臨下列三種後果：

(一) 容易被國稅局查到，不但要補稅還會被處罰。

(二) 容易因繼承人隱匿遺產，引起繼承人間的遺產繼承糾紛。

(三) 繼承人可能因遺產分配不均，轉而向國稅局提出檢舉。

　　因此，當被繼承人已處於重病期間，繼承人最好不要移動被繼承人的財產，如果一定要移動被繼承人的財產，也必須要有相關的流向證明，以免產生以上的後遺症。

法律筆記

◎ **遺產及贈與稅法第4條第1項**

本法稱財產，指動產、不動產及其他一切有財產價值之權利。

◎ **遺產及贈與稅法第15條**

被繼承人死亡前二年內贈與下列個人之財產，應於被繼承人死亡時，視為被繼承人之遺產，併入其遺產總額，依本法規定徵稅：

一、被繼承人之配偶。

二、被繼承人依民法第一千一百三十八條及第一千一百四

十條規定之各順序繼承人。

三、前款各順序繼承人之配偶。

八十七年六月二十六日以後至前項修正公布生效前發生之繼承案件，適用前項之規定。

◎ **遺產及贈與稅法施行細則第13條**

被繼承人死亡前因重病無法處理事務期間舉債、出售財產或提領存款，而其繼承人對該項借款、價金或存款不能證明其用途者，該項借款、價金或存款，仍應列入遺產課稅。

◎ **遺產及贈與稅法第44條**

納稅義務人違反第二十三條或第二十四條規定，未依限辦理遺產稅或贈與稅申報者，按核定應納稅額加處二倍以下之罰鍰。

◎ **遺產及贈與稅法第45條**

納稅義務人對依本法規定，應申報之遺產或贈與財產，已依本法規定申報而有漏報或短報情事者，應按所漏稅額處以二倍以下之罰鍰。

◎ **遺產及贈與稅法第46條**

納稅義務人有故意以詐欺或其他不正當方法，逃漏遺產稅或贈與稅者，除依繼承或贈與發生年度稅率重行核計補徵外，並應處以所漏稅額一倍至三倍之罰鍰。

案例7

照遺產清冊內容申報遺產稅就不會漏報？

錯誤觀念

繼承人申報被繼承人遺產稅時，只要依據國稅局提供的遺產清冊資料填寫就不會漏報遺產。

正確觀念

繼承人向國稅局申請的被繼承人財產歸戶資料、金融遺產資料、綜合所得稅申報資料及死亡前二年贈與財產資料等只供繼承人於申報遺產稅時參考，繼承人仍必須據實申報才不會被補稅處罰。

生活小故事

在醫生宣告謝希達死亡後，謝希達的靈魂冉冉升起，他轉頭望了自己留下的肉體長嘆了一聲，看了一下跪在旁邊的兒子謝亨利嚎啕大哭的樣子，心裡雖然有些不捨，但謝希達知道自己時辰已到，再長嘆一聲後隨即化作一縷輕煙往西方極樂世界緩緩飄然而去。

謝希達轉眼間到達西方無量山下，見前面有一座涼亭遂入內想靜坐片刻，沒想到老友黃博晏已在涼亭內等候多時，謝希達趨前緊握住黃博晏的手，一時激動得掉下兩行清淚，黃博晏拍拍他

的背說：「既已脫離塵世就放寬心吧！」

謝希達告訴老友黃博晏說：「真想再回去看看兒子謝亨利！」謝希達初來乍到，紅著眼框祈求黃博晏或許能夠幫他。

「我也是剛來不久而已，不過這裡的事情也略知一二，你不必客氣，有話儘管說！」兩人遂在涼亭裡坐了下來，黃博晏進一步對謝希達說：「你如果想以前的家，還是可以回去探望一下。」

黃博晏並告訴謝希達，他心臟病發而來到這裡，都因兒子黃大方不孝啊！不過黃博晏的心情還算平靜，剛到的謝希達就顯得激動許多，談到各自的寶貝兒子時，兩人只有慨嘆和唏噓。

謝希達說：「我知道你兒子黃大方和犬子謝亨利倒是常在一起，我家亨利常會偷偷回到家裡挖些值錢的東西出去玩樂！你家的呢？」

「唉！這就不提了，我就是被兒子黃大方氣死才到這裡來的，不過他只拿現金，股票等有價證券倒是沒有偷拿過。」黃博晏右手不自主地又輕撫著胸口，似乎那顆心仍然疼痛著。

「那你好多了，我家亨利幾乎什麼值錢的東西都拿，逼不得已，我才將所有股票都藏在銀行保管箱及集中保管存摺內，至少為自己和家人留點老本，能多過一日是一日，或許有一天亨利會變好也說不定。」謝希達言語間顯得頗為無奈，他也知道他毫無辦法，尤其是現在！

「我也希望如此，就看他們的造化了。好了，你既然想回老家看看，我就陪你走一趟吧！」黃博晏也想回去看看，遂拉著謝希達往他家飄然而去，到了謝家卻發現兒子黃大方也在那裡，似乎正和謝亨利談話。

只見黃大方搖頭對著謝亨利說：「我父親死前我把他的股票變賣、定存解約，經變現後轉存到我的銀行帳戶中，原以為這樣

就神不知鬼不覺，可以省下一筆不小的遺產稅，結果還是被國稅局查出來，不僅要補稅，還被罰了一屁股錢，你要小心一點哦！」黃大方不斷地撫著手臂，似乎是被狠狠地咬了一口的樣子。

「這你放心好了，我就是知道你的情形，所以我父親死後，我在申報遺產稅前就向國稅局申請我父親謝希達的財產清單，我根據這份清單申報遺產稅還會有什麼問題嗎？」謝亨利得意地告訴黃大方絕對不會像他一樣被國稅局要求補稅和罰款，但他卻得意得太早了。

他的父親謝希達藏在銀行保管箱的股票被國稅局查出來後，謝亨利除了被國稅局補徵遺產稅，還被處以罰款，謝亨利後來也不敢向黃大方提起這件事，真怕被他取笑，或許應該感謝國稅局查察有功呢！

悄悄回來看過這些事後，飄忽來去的謝希達也看開了，就像好友黃博晏告訴他的，錢財是子女的，管他是孝或不孝，一切都是過眼雲煙，生前的健康和快樂才是自己最重要的事，但這一切都太遲了。

關鍵說明

一、財產歸戶資料只供繼承人「參考」

繼承人在申報遺產稅前曾向國稅局申請被繼承人的財產清冊，但國稅局所提供的財產清冊只能作為繼承人報稅時「參考」，不能據以認定被繼承人的財產僅止於此；而且財產清冊的建檔難免有時間上的落差，被繼承人的財產應以實際遺留為準。由於繼承人在申報遺產稅前沒有向證券經紀商或被投資公司查明，以致產生漏報遺產稅，也許繼承人沒有逃漏遺產稅的意圖，

但仍會被國稅局依遺產及贈與稅法漏報的規定補稅處罰。

二、死前出售股票的價金流向是國稅局查核的重點

　　被繼承人的股票或股份如果有在死亡前短時間內大量出售，其所得的價金流向是國稅局查核的重點之一，繼承人在申報遺產稅時應特別留意，以免漏報受罰。

三、被繼承人死後發放的股票要報稅

　　繼承人不僅容易疏忽被繼承人的未上市（櫃）股票外，對被繼承人生前參加除權已繳納股款的現金增資股票或無償配發的盈餘、公積轉增資股票，雖然這些股票可能在被繼承人過世後才發放，但這些股票仍然是屬於被繼承人的遺產之一，繼承人在申報遺產稅時最好先查詢清楚，以免漏報受罰。

法律筆記

◎ **遺產及贈與稅法第4條第1項**

本法稱財產，指動產、不動產及其他一切有財產價值之權利。

◎ **遺產及贈與稅法第15條**

被繼承人死亡前二年內贈與下列個人之財產，應於被繼承人死亡時，視為被繼承人之遺產，併入其遺產總額，依本法規定徵稅：

一、被繼承人之配偶。

二、被繼承人依民法第一千一百三十八條及第一千一百四十條規定之各順序繼承人。

三、前款各順序繼承人之配偶。

八十七年六月二十六日以後至前項修正公布生效前發生之繼承案件，適用前項之規定。

◎ **遺產及贈與稅法第44條**

納稅義務人違反第二十三條或第二十四條規定，未依限辦理遺產稅或贈與稅申報者，按核定應納稅額加處二倍以下之罰鍰。

◎ **遺產及贈與稅法第45條**

納稅義務人對依本法規定，應申報之遺產或贈與財產，已依本法規定申報而有漏報或短報情事者，應按所漏稅額處以二倍以下之罰鍰。

◎ **遺產及贈與稅法第46條**

納稅義務人有故意以詐欺或其他不正當方法，逃漏遺產稅或贈與稅者，除依繼承或贈與發生年度稅率重行核計補徵外，並應處以所漏稅額一倍至三倍之罰鍰。

案例8

有抵押權設定就一定有債務存在嗎？

錯誤觀念

繼承人得依抵押權設定金額在申報遺產稅時列報扣除，可以少繳遺產稅。

正確觀念

被繼承人不動產有抵押權設定，繼承人仍須查明被繼承人死亡時實際的借貸金額，據實申報遺產稅。

生活小故事

「小偉，你要記住，作人就是要節儉，能夠節儉就是一種美德……」余媽媽從余小偉小時候就不斷灌輸他這個觀念，並且也以身作則。

「媽，我知道了，我都會背了！」余小偉從小也耳濡目染，余媽媽勤儉持家的點點滴滴都謹記在心。

余媽媽的節儉有時候還真小氣，也常常讓人不敢苟同，余媽媽去菜市場時最能顯現她的本事了，買菜多要根蔥算什麼，蔥價便宜的時候，她是一把一把地要，記得有一年大颱風，蔥價一路飆升到每公斤200、300元時，余媽媽還能要個兩根，那可是真神！

　　買豬肉時，余媽媽一定都買瘦肉，另外再跟肉販阿勇仔多要一些肥肉，並且還要夠大塊，這時如果阿勇仔稍有遲疑，余媽媽鐵定像怒目金剛一樣用力瞪視著阿勇仔，要完肥肉後，余媽媽肯定還會多要一些豬皮，因為這些豬皮通常都是免費的，余媽媽怎麼可能會放過。

　　這些豬皮通常會平均分給一些熟客作為回饋，也藉此留住客人，不過阿勇仔每次都會藏一些豬皮起來，因為余媽媽一來，擺在攤上的豬皮就會被她一掃而光，有時候，阿勇仔還必須哀求余媽媽留下一、兩塊給其他的客人，否則還真的一塊都不剩。

　　你可能會說「這怎麼可能」，如果你知道什麼叫「敗市」，你就知道什麼是可能了！

　　余媽媽上菜市場的時間總在收攤之前，她知道這個時候總是最便宜的，如果這一天「敗市」，余媽媽走路起來就是不一樣，像媽祖出巡一樣到處活絡得很呢！

　　為什麼？因為這時候，余媽媽不是一斤一斤地買，而是十斤十斤地買，並且是來者不拒，攤商雖也賠本賣出卻不會因存貨而損壞，個個對余媽媽都巴結得很，而且還送貨到家。

　　不過這樣卻苦了余小偉，通常一樣的菜色都要吃一週以上，所以每到吃飯的時間卻是他最痛苦的時候，但是如此刻苦的磨練也培養出余小偉堅定不移的節儉美德，衣服如果沒有一些縫縫補補，余小偉還真穿不慣，小時候穿著已開口的球鞋，他還真能就這樣啪噠啪噠地走著，起碼也可撐個一個多月。

　　如果你因為這樣就認為余小偉肯定很窮，那你就錯了！因為聽說余小偉的父親老余最近不幸過世，余小偉在申報遺產稅時列有一筆新台幣2,000萬元的未償債務，而老余原本就是一個工程承包商，可見余小偉家裡也頗有些財力。

　　不過聽說余小偉申報遺產稅時，在與國稅局的一場攻防戰中

敗下陣來，問題就出在那筆新台幣2,000萬元的未償債務，余小偉雖有附上抵押設定資料，而這筆抵押設定的債權人是一家營造公司，國稅局認為老余這筆借款用途非常可疑，於是向債權人查詢。

　　國稅局後來發現這項抵押權是因承包工程，公司要求承包商提供不動產作為擔保，但這項工程因故停工，抵押權應該塗銷，但因老余未辦塗銷就過世，致使抵押權仍存在於不動產，這筆未償債務經國稅局調查後不准余小偉列報扣除。不過經過這一次的教訓和刺激，余小偉人倒是改變了不少，雖不至於浪費揮霍，但也不像從前那樣不捨得吃穿。

關鍵說明

一、未償債務要有確實證明才可扣除

　　依遺產及贈與稅法規定，被繼承人死亡前的未償債務有「確實證明」文件，當然可以自遺產總額中扣除。但是國稅局對繼承人所提出的債務證明文件經查證後已不存在，繼承人列報的未償債務自然就無法扣除。

二、申報不實債務資料可能涉及刑責

　　被繼承人死亡前如果有未償還的債務，繼承人可在申報遺產稅時列報扣除。因此，有不少繼承人以製造假債務的方式，希望能達到減輕遺產稅賦的目的，不過成功的機會不高，卻可能惹上刑責。繼承人製造不實債務常見的二種方式：

(一) 生前向金融機構借款

　　繼承人利用被繼承人的名義在生前向金融機構借得鉅款，國稅局遇到這種情形時，通常會陳報財政部核准，向金融機構查核

這項借款的起借日期、截至被繼承人死亡日的借款餘額、借款撥付的流向等資料，如果查到這筆借款有轉入繼承人的銀行帳戶時，不但要補徵贈與稅，若是死亡前二年內的贈與，還要併入被繼承人遺產總額中計課遺產稅並依漏報稅額處以罰鍰。

(二) 串通偽造不實借據

國稅局對於這種逃漏遺產稅的方式，通常會查明被繼承人借款的原因、這筆款項的實際用途、所借的錢現在流向何處。如果繼承人對這筆借款不能證明用途或國稅局查無確實借貸的事實，這項債務就不容易被認定存在。如果不幸被國稅局查到繼承人偽造借據的確實證據而移送法辦，繼承人還可能惹上「刑責」。

三、不動產設定抵押權應先向債權人查明債權

被繼承人的不動產有設定抵押權，並不代表有債務存在，例如承包工程或經銷貨品等生意往來時，可能有提供不動產作為擔保的情況。又如銀行的理財型房貸也是如此，借款人將不動產設定給銀行，在設定的額度內，借款人可隨借隨還，所以不動產有設定抵押權，並不一定有債務存在，繼承人在申報遺產稅前應先向債權人查明被繼承人的債務情況，再申報遺產稅比較妥當。

法律筆記

◎ 遺產及贈與稅法第4條第1項
本法稱財產，指動產、不動產及其他一切有財產價值之權利。

◎ 遺產及贈與稅法第12條之1
本法規定之下列各項金額，每遇消費者物價指數較上次調整之指數累計上漲達百分之十以上時，自次年起按上漲程度調整之。調整金額以萬元為單位，未達萬元者按千元數四捨五入：

一、免稅額。

二、課稅級距金額。

三、被繼承人日常生活必需之器具及用具、職業上之工具，不計入遺產總額之金額。

四、被繼承人之配偶、直系血親卑親屬、父母、兄弟姊妹、祖父母扣除額、喪葬費扣除額及身心障礙特別扣除額。

財政部於每年十二月底前，應依據前項規定，計算次年發生之繼承或贈與案件所應適用之各項金額後公告之。所稱消費者物價指數，指行政院主計總處公布，自前一年十一月起至該年十月底為止十二個月平均消費者物價指數。

◎ **遺產及贈與稅法第17條**（按物價指數調整後之金額請見附錄）

下列各款，應自遺產總額中扣除，免徵遺產稅：

一、被繼承人遺有配偶者，自遺產總額中扣除四百萬元。

二、繼承人為直系血親卑親屬者，每人得自遺產總額中扣除四十萬元。其有未成年者，並得按其年齡距屆滿成年之年數，每年加扣四十萬元。但親等近者拋棄繼承由次親等卑親屬繼承者，扣除之數額以拋棄繼承前原得扣除之數額為限。

三、被繼承人遺有父母者，每人得自遺產總額中扣除一百萬元。

四、前三款所定之人如為身心障礙者權益保障法規定之重度以上身心障礙者，或精神衛生法規定之嚴重病人，每人得再加扣五百萬元。

五、被繼承人遺有受其扶養之兄弟姊妹、祖父母者，每人得自遺產總額中扣除四十萬元；其兄弟姊妹中有未成年者，並得按其年齡距屆滿成年之年數，每年加扣四十萬元。

六、遺產中作農業使用之農業用地及其地上農作物，由繼承人或受遺贈人承受者，扣除其土地及地上農作物價值之全數。承

受人自承受之日起五年內，未將該土地繼續作農業使用且未在有關機關所令期限內恢復作農業使用，或雖在有關機關所令期限內已恢復作農業使用而再有未作農業使用情事者，應追繳應納稅賦。但如因該承受人死亡、該承受土地被徵收或依法變更爲非農業用地者，不在此限。

七、被繼承人死亡前六年至九年內，繼承之財產已納遺產稅者，按年遞減扣除百分之八十、百分之六十、百分之四十及百分之二十。

八、被繼承人死亡前，依法應納之各項稅捐、罰鍰及罰金。

九、被繼承人死亡前，未償之債務，具有確實之證明者。

十、被繼承人之喪葬費用，以一百萬元計算。

十一、執行遺囑及管理遺產之直接必要費用。

被繼承人如爲經常居住中華民國境外之中華民國國民，或非中華民國國民者，不適用前項第一款至第七款之規定；前項第八款至第十一款規定之扣除，以在中華民國境內發生者爲限；繼承人中拋棄繼承權者，不適用前項第一款至第五款規定之扣除。

◎ **刑法第210條**

僞造、變造私文書，足以生損害於公眾或他人者，處五年以下有期徒刑。

◎ **刑法第211條**

僞造、變造公文書，足以生損害於公眾或他人者，處一年以上七年以下有期徒刑。

◎ **刑法第214條**

明知爲不實之事項，而使公務員登載於職務上所掌之公文書，足以生損害於公眾或他人者，處三年以下有期徒刑、拘役或一萬五千元以下罰金。

◎ **遺產及贈與稅法第44條**

納稅義務人違反第二十三條或第二十四條規定，未依限辦理遺產稅或贈與稅申報者，按核定應納稅額加處二倍以下之罰鍰。

◎ **遺產及贈與稅法第45條**

納稅義務人對依本法規定，應申報之遺產或贈與財產，已依本法規定申報而有漏報或短報情事者，應按所漏稅額處以二倍以下之罰鍰。

◎ **遺產及贈與稅法第46條**

納稅義務人有故意以詐欺或其他不正當方法，逃漏遺產稅或贈與稅者，除依繼承或贈與發生年度稅率重行核計補徵外，並應處以所漏稅額一倍至三倍之罰鍰。

案例9

「債權」也要申報遺產稅嗎？

錯誤觀念

被繼承人的債權只有自己人才知道，國稅局不會發現。

正確觀念

被繼承人的債權屬有財產價值的權利，依法應連同未收之利息一併申報遺產稅。

生活小故事

「老李，有一項不錯的生意，你有沒有興趣投資？」老張一進入老李家即開門見山地告訴他投資生意的事，不過老張期待的是老李能借他一些錢作為資金，而不是真的要他投資自己的生意。

「你知道我對作生意一向沒有什麼興趣，以前投資過的生意從沒有賺過什麼錢，所以我也怕了，至少這一陣子是不會再投資了。」其實老張為什麼過來找他？老李也心知肚明，老張好賺的不會分給人家賺，老李則是喜歡貪圖利息，他始終認為這門生意最為穩當。

「那……你是否可以借我2,000萬元……我的現金實在不夠……」老張尷尬地想著如何向老李借錢，眼神試探著看著老李

並說：「當然我會用我的房子讓你設定抵押。」

「喝茶，喝茶。」老李恍若未聞地拿起茶杯，眼睛刻意不看老張，口中也不再說話。

「老李，我那個房子雖然舊了，但地坪大，至少也值3,000多萬元。」老張伸手擦著汗說，「利息我會每個月付，老規矩，兩分利。」他望著老李等待回應。

「……。」老李仍然沒有回答，不過聽到「兩分利」時，他的耳朵似乎動了一下，他期待老張的下一句話。

靜默了許久，老張知道自己的銀行信用不好，向銀行借錢可能會有困難，只得將利息再往上加了，「兩分半！」老張只能咬著牙說出。

「你知道最近景氣很差，借錢的風險太大了，我寧願把錢放在銀行裡，但我們都是老朋友了，我可以……。」老李通常講場面話時會隨著借錢款項的高低來決定場面話的長短，今天老李似乎講得有點過長了，老張都忍不住伸手打著呵欠，老李卻也笑著用右手比出三根手指頭，「利息算你三分好了！」

「三分？」老張一聽到三分利，整個人幾乎彈跳了起來，剛剛正打著呵欠的手也一直放在嘴巴上，瞪大眼睛看著老李。（老狐狸！吸血鬼！＃＃％＆＊※！）老張暗自嘆了一口氣，知道只能任其宰割了，「好吧！三分就三分！」

送走了老張後，老李得意地笑著，他早已知道老張一定是別處借不到錢才會找上他，他很高興能比平時多賺一分的利息。

老李的妻子冬梅這時候進來收拾杯盤，她隨口問老李：「老張找你有什麼事嗎？」

「女人家問這個幹什麼！生意上的事妳懂什麼？」老李的大男人性格一下子又被激了起來。

「不問就不問，那你多多少少也要跟光利說吧！他至少是你

兒子啊！萬一有什麼的事的話……」冬梅其實並沒有什麼壞意，但講話總是太直接了些。

「光利！光利不要給我找麻煩就好了，他還能作什麼事？」老李的好心情一下子一掃而光，「妳不要大白天的就講一些不吉利的話，我身體好得很，從不吃藥也沒住過醫院，妳放心好了！」老李丟下這些話後就轉身出門而去。

過了些時日，老李將老張的房子交給代書辦理設定抵押完成後，也把2,000萬元如期匯入老張的銀行帳戶中，那一天老李似乎非常高興，也在外面喝了許多酒，酒醉的老李堅持自己開車回家，卻不幸發生嚴重車禍，緊急送醫後宣告不治。

老李的妻子冬梅擔心的事終於發生了，兒子李光利在父親老李死後申報遺產稅時，根本無法立即知道父親老李借給老張的2,000萬元，這件事卻被國稅局查出，除對其補徵遺產稅之外，並處以罰款。

老張知道這件事後也不知道要高興還是擔心，雖然心裡一直詛咒老李，希望他會得到報應，但他並不希望老李發生不幸啊！現在他又少了一個可以借錢的地方了。

關鍵說明

一、「債權」是有財產價值的權利應申報遺產稅

被繼承人死亡，繼承人必須將被繼承人所有的動產、不動產及一切有財產價值的權利，向國稅局申報遺產稅，而債權是屬於有財產價值的權利，也是遺產的一部分，繼承人必須將之列入被繼承人的遺產總額中申報遺產稅。在本案例中，老李的繼承人就是漏報老李對老張的債權，被國稅局查到後，除要依法補徵遺產稅之外，國稅局並會就所漏稅額處以罰鍰。

被繼承人必須申報遺產稅的財產

財產種類	財產內容
動產	如股票、股權、汽車、現金、存款、黃金等
不動產	土地、房屋
一切有財產價值的權利	如債權、地上權、典權、漁業權、礦業權、地役權、信託權益等

二、一般債權與抵押債權

　　被繼承人的債權通常可分為抵押債權、一般債權二種情況，抵押債權因有抵押品（如不動產）作擔保，如果雙方有約定利息，國稅局很容易從綜合所得稅的利息所得中或從財政部的財稅資料中心查到；不過一般債權因私密性比較高，被國稅局查獲的機會較低，不過繼承人仍然應誠實申報。

被繼承人擁有的債權情形

項目	證明文件	約定利息	私密性	備註
一般債權	借據、支票、會單	依契約約定	高	通常沒登記
抵押債權	他項權利證明書	依契約約定	低	有登記

三、如何避免漏報遺產稅

　　在遺產稅申報的違章案件中，漏報遺產的情形最為常見，主要的原因是繼承人所申報的遺產是被繼承人所有，並非繼承人所有。當被繼承人所遺留的財產多且複雜時，如果被繼承人生前沒有作好妥善的規劃，繼承人又無法充分掌握被繼承人的財產狀況，繼承人在申報遺產稅時，漏報遺產就不容易避免。因此，如

果被繼承人財產狀況複雜，繼承人無法在短時間內全盤瞭解被繼承人生前的財產狀況時，繼承人為避免漏報遺產稅，可參考以下幾個作法，相信可以減少漏報遺產稅的情況發生：

(一) 申調被繼承人財產歸戶資料

繼承人可向稅捐機關申請被繼承人死亡時的財產清冊、金融遺產資料及綜合所得稅的申報資料作為參考，再加上繼承人原本已知的遺產逐項比對後，再申報遺產稅。

(二) 不動產

被繼承人遺產中如果有不動產時，繼承人須先向地政事務所申請被繼承人「死亡年度」的登記簿謄本。繼承人有了登記簿謄本就可算出被繼承人死亡時，遺產土地的價值，並同時可瞭解遺產中的不動產是否有其他債務（如抵押權設定或地上權設定等）存在。

(三) 股票

被繼承人如有股票遺產，繼承人可先將證券存摺向券商登錄，存摺經登錄後，繼承人就可大致瞭解被繼承人生前擁有多少股票。不過繼承人仍然要注意被繼承人生前是否有參加除權、已繳納股款的現金增資股票或無償配發之盈餘、公積轉增資股票，這些股票有的是在被繼承人死亡後才發放，但仍然屬於被繼承人的遺產，繼承人應將這些股權併同其他遺產辦理遺產稅申報。

(四) 存款及現金

繼承人可參考國稅局核發的金融遺產資料及被繼承人死亡前二年綜合所得稅申報資料中的利息所得，依當時的利率，簡單推算出被繼承人生前的本金大概有多少，再比對被繼承人死亡時，實際留存的銀行存款（繼承人須先將被繼承人的存摺向該金融機構登錄，以確定被繼承人死亡時的實際存款金額）及遺留現金的金額是否接近，如果金額差距不大，被繼承人所遺留的現金或存

款應該不會有錯；但若金額差距很大時，除非被繼承人生前有大筆款項移動（如購置不動產或股票），否則被繼承人應還有其他存款（如定期存款）或現金存在，繼承人不妨再仔細思考被繼承人可能存放的地方。

(五) 向親朋好友查詢

繼承人不妨向被繼承人比較常往來的親朋好友或同事查詢，多瞭解被繼承人生前與他人的債權及債務關係。

(六) 查詢支票及信用卡情況

被繼承人生前如有使用支票或信用卡，繼承人應核對支票的使用情況如何，如已開出多少張支票尚未兌現、金額有多少、何時到期，以及信用卡使用的情況如何等。

(七) 未償債務

除被繼承人的財產之外，被繼承人是否有債務存在也是繼承人不可忽視的重點，例如被繼承人生前是否有房屋貸款、信用貸款等尚未清償、生前是否有向他人借款等，繼承人都必須查明，在申報遺產稅時提出證明文件一併列報扣除。

(八) 應納未納的各項稅金、罰鍰及罰金

被繼承人生前如果有應納未納的各項稅金、罰鍰及罰金，如未繳納的地價稅、房屋稅或已開徵的工程受益費等，繼承人申報遺產稅時可一併扣除。

法律筆記

◎ 遺產及贈與稅法第4條第1項

本法稱財產，指動產、不動產及其他一切有財產價值之權利。

◎ 抵押權應就其擔保債權額課徵遺產稅（財政部67年9月6日台財稅第36044號函）

抵押權係當其債權不獲清償時，對於債務人或第三人不移轉占有而提供擔保之不動產，得就其賣得價金受清償，是抵押權係為擔保債權而存在（參見民法第860條及861條），按其性質屬於物權而非債權，故遺產稅應就其實際債權併其他財產核課，而不宜就抵押權登記金額課徵。

◎ 遺產及贈與稅法第44條

納稅義務人違反第二十三條或第二十四條規定，未依限辦理遺產稅或贈與稅申報者，按核定應納稅額加處二倍以下之罰鍰。

◎ 遺產及贈與稅法第45條

納稅義務人對依本法規定，應申報之遺產或贈與財產，已依本法規定申報而有漏報或短報情事者，應按所漏稅額處以二倍以下之罰鍰。

◎ 遺產及贈與稅法第46條

納稅義務人有故意以詐欺或其他不正當方法，逃漏遺產稅或贈與稅者，除依繼承或贈與發生年度稅率重行核計補徵外，並應處以所漏稅額一倍至三倍之罰鍰。

案例10

生前「購地」有節稅效益嗎？

錯誤觀念

　　生前購地因未登記即已死亡，非屬被繼承人之遺產，不用申報遺產稅。

正確觀念

　　被繼承人生前購地未登記即已死亡，已付價金屬被繼承人之遺產，應申報遺產稅。

生活小故事

　　「爸爸，我和大弟叔孟和大妹碧雲終於完成您的心願了！」吳伯新眼框泛紅地看著新建好的彩虹育幼院，他和大弟叔孟、大妹碧雲共同集資蓋的育幼院就在這一天完工，他們激動地看著院裡的一磚一瓦和花草樹木，要不是他們的父親突然去世，吳伯新偶然間看到父親的日記，他們兄妹三人可能還不知道父親還藏著這麼大的秘密和未了的心願。

　　吳伯新和弟弟、妹妹都早已各自成家，並有自己的事業，由於他們的父親老吳喜歡一個人住，所以兄妹三人並未和他住在一起，但每個月的某一天，吳伯新都會和弟弟、妹妹相約回去看老父親，原本日子過得平靜而快樂，但有一天卻接到醫院的緊急電

話，才知道父親已因心臟病發經救護車送到醫院後，急救無效隨即宣告死亡。

　　傷心的吳伯新兄妹並不知道父親過世前曾買了一塊地，並已支付新台幣3,000萬的頭期款，但土地還未過戶，他們的父親老吳就突然病發死亡，吳伯新在申報遺產稅時也未申報這項債權，後經國稅局從老吳的資金流程中查到這筆土地買賣，國稅局不但對他們補徵遺產稅，並依所漏稅額處以罰款。

　　吳伯新兄妹不明白父親為何買這一筆土地，卻又未讓他們知道？是不是因為突然病發驟逝而來不及告知？吳伯新兄妹三人也無法確知，直到整理父親的遺物時，無意間發現父親所寫的日記才找到答案。

　　吳伯新兄妹知道父親小時候就是在孤兒院長大，並在孤兒院認識他們早已過世的母親彩虹，對父母親而言，雖然他們早已搬離該處，但孤兒院還是他們心中永遠的家，不過在一次風災所引發的土石流把整個孤兒院都淹沒，家不在了，父親說他那次狠狠哭了三天三夜，但重建孤兒院一事卻從未對他們兄妹提起過。

　　但父親留下的日記終於讓吳伯新兄妹三人知道父親對「老家」的濃厚情感，父親的日記中提到：「孤兒院被土石流全部淹沒了，我的家沒了，我和彩虹回去看過後連哭了三天三夜，我們都以為隨著時間的過去，這段悲慘的記憶也會漸漸淡忘，可是事實卻不是如此，我和彩虹常聊到『老家』的種種，我發覺我們最快樂的回憶和最幸福的事，有一大半竟深藏在『老家』裡面……」

　　吳伯新又翻到父親的另一本日記：「自從『老家』被淹沒後，這麼多年以來，彩虹一直少了歡笑，也常會悶悶不樂，那時我就暗自下定決心，今生要盡我所能重建孤兒院，但我怕我作不到，所以一直沒有告訴彩虹這件事，總希望真的有能力時再告訴

她……」吳伯新讀到這裡一直覺得胸口有一股熱流到處流竄，隱隱悶著。

在母親生病過世的那幾天，父親的日記中又寫到：「……彩虹臨終前還一直提到老家，我終於忍不住了，不管我這一輩子有沒有這個能力，我要趁著彩虹還聽得見我的話時告訴她，我會盡我的全力重新把『老家』蓋起來，那時我哭了，因為彩虹就在這個時候走了，但嘴角似乎還掛著微笑……」

吳伯新覺得很對不起父親，雖然父親一直沉默寡言，但為人子女的竟然會不瞭解自己父親的心事，對國稅局通知他要補繳遺產稅和罰款才知道父親買的這筆土地，吳伯新也只能苦笑，或許給他多一點時間，他倒希望能從其他管道早一步獲知這筆土地的事。

今天「彩虹育幼院」終於落成了！（爸！我和叔孟、碧雲終於完成你的心願了！）伯新兄妹三人圍繞著育幼院中父親的塑像激動地默禱著。

關鍵說明

一、生前購地款屬債權的一部分

被繼承人生前以現金購買土地是節稅的好方法之一，不論購買的土地是建地、農業用地或是公共設施保留地，都可達到節稅的效果，不過被繼承人生前購買不動產未過戶即過世，所支付的價款是債權的一部分，屬於有財產價值的權利，繼承人必須把這筆已支付的購地款併入遺產總額中計課遺產稅。所以，案例中老吳生前購買土地，雖然在過世前仍未辦理所有權移轉登記，繼承人在申報遺產稅時，應將這筆3,000萬元債權列入老吳的遺產總額中計課遺產稅，但繼承人未申報這筆債權，被國稅局查到，不

但要補稅，而且會被處以罰鍰。

二、生前購地可節遺產稅

　　由於被繼承人在生前以現金購買土地有節稅的效益存在，所以有不少人以「假買賣，真逃稅」的方式，利用被繼承人死亡前出資購買土地，藉以逃漏遺產稅。所以財政部在88年7月7日以台財稅第881922762號函規定，被繼承人生前與他人訂約購買土地，迄死亡時尚未辦妥所有權移轉登記，如經查該買賣行為確係被繼承人所為且非虛偽買賣，則其基於買賣關係所生之請求移轉登記之債權，核屬遺產及贈與稅法第4條第1項所稱「有財產價值之權利」，應併入遺產總額計課遺產稅，其課稅價值，准按死亡時請求標的之公告土地現值估價；惟如經查明係由繼承人假冒被繼承人名義所為，或被繼承人、繼承人等所為之虛偽買賣，因該法律行為之效果不屬於被繼承人，或該法律行為無效，自仍應依原有之財產型態課徵遺產稅。因此，如果被繼承人生前購買土地是真實的買賣，並非為逃漏遺產稅而為的虛偽買賣時，繼承人可以把被繼承人所購買的土地，雖然未移轉為被繼承人所有，但可依土地公告現值來申報遺產稅，對於未支付的購地款項，繼承人可以未償債務的方式在被繼承人的遺產總額中扣除，一樣可以省下不少遺產稅。

三、申報遺產稅應注意被繼承人生前的債權

　　被繼承人生前支付價金所購買的財產或是其他的債權，通常都不會列在被繼承人的財產清冊上，所以繼承人很容易疏忽這些有關被繼承人的財產，但國稅局仍然可依據綜合所得稅申報資料或資金流程中查出來，繼承人可要小心被繼承人這方面的遺產，以免因漏報而受罰。

法律筆記

◎ 遺產及贈與稅法第4條第1項

本法稱財產，指動產、不動產及其他一切有財產價值之權利。

◎ 遺產土地於辦妥繼承登記前即被徵收者仍應列入遺產課稅（財政部69年10月30日台財稅第39020號函）

被繼承人死亡遺有土地者，依民法第1147條規定：「繼承，因被繼承人死亡而開始。」及同法第1148條規定：「繼承人自繼承開始時，除本法另有規定外，承受被繼承人財產上之一切權利、義務。但權利、義務專屬於被繼承人本身者，不在此限。」故繼承人於繼承開始時，即承受該項土地之權利。該項土地雖於繼承人辦妥繼承登記前，經政府以被繼承人名義加以徵收，係因繼承登記尚未辦理，依上述民法規定，名義上仍為被繼承人所有，實係對繼承人徵收。因之該項土地應先核課遺產稅，其價值之計算，仍應依照遺產及贈與稅法第10條規定辦理。

◎ 遺產及贈與稅法第44條

納稅義務人違反第二十三條或第二十四條規定，未依限辦理遺產稅或贈與稅申報者，按核定應納稅額加處二倍以下之罰鍰。

◎ 遺產及贈與稅法第45條

納稅義務人對依本法規定，應申報之遺產或贈與財產，已依本法規定申報而有漏報或短報情事者，應按所漏稅額處以二倍以下之罰鍰。

◎ 遺產及贈與稅法第46條

納稅義務人有故意以詐欺或其他不正當方法，逃漏遺產稅或贈與稅者，除依繼承或贈與發生年度稅率重行核計補徵外，並應處以所漏稅額一倍至三倍之罰鍰。

案例11

生前「舉債」可以少繳遺產稅嗎？

錯誤觀念

儘量安排被繼承人生前向他人舉債，可以減輕遺產稅的負擔。

正確觀念

被繼承人生前向他人舉債，繼承人申報遺產稅應可列報扣除，以減輕遺產稅的負擔。但被繼承人因舉債所得之借款金額要特別注意資金流向，以免被國稅局補稅處罰。

生活小故事

「江太太，妳先生的病情不是很樂觀……。」送走主治醫生後，麗花眼睛滿含著淚水地看著躺在床上仍陷於昏睡中的先生江東成，她忍不住嗚嗚地又哭了起來，最後哭累了，眼睛也哭花了，麗花起身走進盥洗室。

（咦～好像有人進到病房裡，好像還帶著一個小女孩，是誰來看東成呢？）正在盥洗室梳洗的麗花隱約聽到腳步聲，心想誰會這個時候來看東成？

「東成！東成！我是可人啊！你聽到我的話嗎？你醒醒啊！」進到病房的女人一直叫著江東成的名字，也不斷地啜泣

著，旁邊的小女孩也小聲地叫著、哭著，但叫著什麼總是隱隱約約地無法聽得清楚。

　　欲從盥洗室出來的麗花在門口停頓了一下，她認為這個女人應該跟她的先生江東成很熟悉才對，可是到底是誰？麗花滿腹狐疑地從盥洗室走出來對著那個女人說：「我是東成的太太，請問妳是誰？」麗花發現這個女人竟緊拉著東成的手，她一看到麗花似乎受到了驚嚇，並立即鬆手猛站起來拉著小女孩的手，身體好像也微微顫抖著。

　　「對不起，我叫劉可人，這是我的女兒雪兒，我是江先生的遠房表妹，我聽說江先生住院所以特地過來看他。」劉可人的眼光一直不敢直視麗花，聲音中也似乎在害怕著什麼。

　　麗花這時候看著劉可人的女兒雪兒，她總覺得雪兒有一種很熟悉的感覺，可能是像某一個人吧！但麗花也沒時間去細想，她說：「謝謝妳來看我先生，我不知道東成有妳這個表妹，以前怎麼沒看過妳到家裡來？」麗花用嚴厲的眼神看著劉可人。

　　「可……可能是去的時候妳不在家吧！對……對不起，我有事先走了。」劉可人拉著女兒雪兒慌張地衝出病房，留下愣在當場還張大著嘴巴的麗花，想留住劉可人的話還未及出口就看不到她的人影了。

　　麗花對來訪的劉可人和她的女兒雪兒印象相當深刻，想了幾天後，麗花終於知道雪兒像誰了，但這一切必須等江東成醒來後才會明白，這件事只能暫時擱在心上了。

　　麗花這幾天除了到醫院照顧江東成，也積極和銀行接洽，她知道未來將有一筆不小的遺產稅要繳納，她計畫用「舉債」的方式來節遺產稅，所以麗花趁江東成還在世時，將他名下的不動產向銀行抵押貸款新台幣2,000萬元，麗花將其中的500萬元購買債券，另外的1,500萬元則轉入兒子江治中的銀行帳戶裡。

不過麗花卻白費了心思，這些資金流向都被國稅局調查出來，國稅局除了補課贈與稅，還對漏報遺產稅的部分予以補稅處罰。

麗花對國稅局要求補稅和罰款當然痛上加痛，而她在整理先生江東成的遺物時，無意間發現了江東成抱著劉可人和她女兒雪兒的照片，麗花發現雪兒的臉型幾乎是江東成的翻版，麗花氣瘋了，但她卻沒有吼叫、哭喊，只是身體劇烈地顫抖著。

第二天一大早，麗花開車衝向放置江東成遺骨的靈骨塔，麗花靜默地請出江東成的骨甕放在桌上，然後睜大著紅腫的眼睛，緩緩地、毫不帶感情地從車上拿出一支大鐵槌，慢慢走向江東成的骨甕⋯⋯

關鍵說明

一、舉債的資金流向常是破綻所在

國稅局對繼承人列報被繼承人有未償債務都會清查舉債的原因及資金的流向，在本案例中，麗花以江東成的不動產向銀行所借資金用以購買債券及贈與兒子，就是被國稅局從資金流程中查到破綻，不但要補稅還要處罰，實在得不償失。

二、節稅要用對方法

被繼承人生前利用舉債的方式，不論是用以投資市價高但現值低的不動產或是購買作農業使用的農業用地，都可以達到不錯的節稅效益。但如果用錯方法，不僅節不了稅，反而要繳更多的稅才能擺平。

法律筆記

◎ 遺產及贈與稅法第4條第1、2項

本法稱財產，指動產、不動產及其他一切有財產價值之權利。

本法稱贈與，指財產所有人以自己之財產無償給予他人，經他人允受而生效力之行為。

◎ 遺產及贈與稅法第12條之1

本法規定之下列各項金額，每遇消費者物價指數較上次調整之指數累計上漲達百分之十以上時，自次年起按上漲程度調整之。調整金額以萬元為單位，未達萬元者按千元數四捨五入：

一、免稅額。

二、課稅級距金額。

三、被繼承人日常生活必需之器具及用具、職業上之工具，不計入遺產總額之金額。

四、被繼承人之配偶、直系血親卑親屬、父母、兄弟姊妹、祖父母扣除額、喪葬費扣除額及身心障礙特別扣除額。

財政部於每年十二月底前，應依據前項規定，計算次年發生之繼承或贈與案件所應適用之各項金額後公告之。所稱消費者物價指數，指行政院主計總處公布，自前一年十一月起至該年十月底為止十二個月平均消費者物價指數。

◎ 遺產及贈與稅法第15條

被繼承人死亡前二年內贈與下列個人之財產，應於被繼承人死亡時，視為被繼承人之遺產，併入其遺產總額，依本法規定徵稅：

一、被繼承人之配偶。

二、被繼承人依民法第一千一百三十八條及第一千一百四十條規定之各順序繼承人。

三、前款各順序繼承人之配偶。

八十七年六月二十六日以後至前項修正公布生效前發生之繼承案件，適用前項之規定。

◎ **遺產及贈與稅法第17條**（按物價指數調整後之金額請見附錄）

下列各款，應自遺產總額中扣除，免徵遺產稅：

一、被繼承人遺有配偶者，自遺產總額中扣除四百萬元。

二、繼承人為直系血親卑親屬者，每人得自遺產總額中扣除四十萬元。其有未成年者，並得按其年齡距屆滿成年之年數，每年加扣四十萬元。但親等近者拋棄繼承由次親等卑親屬繼承者，扣除之數額以拋棄繼承前原得扣除之數額為限。

三、被繼承人遺有父母者，每人得自遺產總額中扣除一百萬元。

四、前三款所定之人如為身心障礙者權益保障法規定之重度以上身心障礙者，或精神衛生法規定之嚴重病人，每人得再加扣五百萬元。

五、被繼承人遺有受其扶養之兄弟姊妹、祖父母者，每人得自遺產總額中扣除四十萬元；其兄弟姊妹中有未成年者，並得按其年齡距屆滿成年之年數，每年加扣四十萬元。

六、遺產中作農業使用之農業用地及其地上農作物，由繼承人或受遺贈人承受者，扣除其土地及地上農作物價值之全數。承受人自承受之日起五年內，未將該土地繼續作農業使用且未在有關機關所令期限內恢復作農業使用，或雖在有關機關所令期限內已恢復作農業使用而再有未作農業使用情事者，應追繳應納稅賦。但如因該承受人死亡、該承受土地被徵收或依法變更為非農業用地者，不在此限。

七、被繼承人死亡前六年至九年內，繼承之財產已納遺產稅者，按年遞減扣除百分之八十、百分之六十、百分之四十及百分之二十。

八、被繼承人死亡前，依法應納之各項稅捐、罰鍰及罰金。

九、被繼承人死亡前，未償之債務，具有確實之證明者。

十、被繼承人之喪葬費用，以一百萬元計算。

十一、執行遺囑及管理遺產之直接必要費用。

被繼承人如為經常居住中華民國境外之中華民國國民，或非中華民國國民者，不適用前項第一款至第七款之規定；前項第八款至第十一款規定之扣除，以在中華民國境內發生者為限；繼承人中拋棄繼承權者，不適用前項第一款至第五款規定之扣除。

◎ **遺產及贈與稅法施行細則第13條**

被繼承人死亡前因重病無法處理事務期間舉債、出售財產或提領存款，而其繼承人對該項借款、價金或存款不能證明其用途者，該項借款、價金或存款，仍應列入遺產課稅。

◎ **遺產及贈與稅法第45條**

納稅義務人對依本法規定，應申報之遺產或贈與財產，已依本法規定申報而有漏報或短報情事者，應按所漏稅額處以二倍以下之罰鍰。

◎ **遺產及贈與稅法第46條**

納稅義務人有故意以詐欺或其他不正當方法，逃漏遺產稅或贈與稅者，除依繼承或贈與發生年度稅率重行核計補徵外，並應處以所漏稅額一倍至三倍之罰鍰。

案例12

漏報長期定存可以主張「補稅免罰」嗎？

錯誤觀念

繼承人如有因不明瞭被繼承人所有遺產而漏報遺產情形時，國稅局應可補稅免罰。

正確觀念

繼承人申報遺產稅時，如有漏報被繼承人遺產，可能會被國稅局依法補稅處罰。

生活小故事

劉醫師宣布要和同居一年的女友莉娜結婚時，著實令朋友們感到相當錯愕。當時雖然沒有人會想到這是一樁不被祝福的婚姻，可是因為兩人的學歷、背景和生活環境存在極大的差異，日子一久，兩人之間的情感明顯出現裂痕，最後同床異夢。

劉醫師從未徵詢過朋友對他結婚的看法，所以也沒有聽說過有反對的聲音。至於劉醫師的家人呢？我聽說劉醫師的父親一直有一些不滿，我不曉得劉醫師當初是如何說服他父親的，但他們結婚後第七個月生下一個胖小子，我才恍然大悟！

劉醫師的父親是一個相當疼愛我的長輩，劉醫師與莉娜結婚生子後，算起來也有一年多的時間，他父親終於忍不住質問我，

當初他兒子要跟莉娜結婚時，為什麼不事先跟他講！我那時真的愣住了，我說我不知道啊！但劉醫師的父親卻不相信我說的話。

莉娜剛嫁給劉醫師時，我想是有一段忍耐煎熬的過程，從劉伯父對我質問的態度中，多少可以猜測出一些端倪，我聽說莉娜還挺著大肚子時，劉醫師仍然天天花天酒地、夜不歸營，莉娜雖然也知道劉醫師的一些風流韻事，但她那時還能睜一隻眼閉一隻眼地隱忍過去。

劉醫師的婚姻就這樣風風雨雨地走過十幾年，聽說他的事業是愈來愈好了，但婚姻卻愈來愈糟。好久沒有聽到他們的消息了，那一天碰到一個朋友跟我說，劉醫師依然在外花天酒地，他和妻子莉娜也幾乎鬧翻了，雖然還沒有簽字離婚，但兩人見面時卻像仇人一樣，要不是為了孩子，劉醫師可能也不會天天回家。

幾年後，我的朋友突然打電話告訴我劉醫師意外過世了，雖然已經是過去的朋友，但我心裡還是很難過，我還聽說他的兒子劉邦國向國稅局申報遺產稅時，因漏報受到補稅處罰。

聽說劉醫師的兒子劉邦國據實申報了數筆不動產，但存款卻只申報12萬元，國稅局在審核時認為劉醫師的年收入應該很高，但劉邦國卻只有申報12萬元的銀行存款，國稅局認為不合常理。

於是國稅局向劉醫師生前往來的銀行展開調查，發現劉邦國漏報父親劉醫師在銀行一筆5,000萬元的二年期定期存款，雖然劉醫師的妻子莉娜和兒子劉邦國都極力主張不知道有這筆存款，但漏報的事實俱在，國稅局仍將漏報的財產併入遺產總額課徵遺產稅，並另依漏報遺產稅規定予以處罰。

依我的瞭解，像劉醫師和妻子莉娜的婚姻狀況已形同水火了，劉醫師怎麼可能讓妻子莉娜知道他有多少錢，以及錢放在什麼地方，所以莉娜說她不知道那筆新台幣5,000萬元的定存，我認為是極為可信的，但那有什麼用！

　　經過這麼多年了，我剛聽到劉醫師的婚姻狀況時，我才知道我的婚姻在幾個朋友間算是很幸福的，所以我開始停止抱怨，並學習另一種生活態度，但婚姻仍幾度瀕臨危險，最後仍是為了孩子才踩了煞車。

　　我一直覺得夫妻之間不能單純爭論誰對誰錯！重要的是夫妻間的感覺，而感覺並沒有對錯可言，感覺不對了，婚姻就很難維持下去。

關鍵說明

一、繼承人漏報遺產要補稅處罰

　　在本案例中，被繼承人在死亡前以二年期定期存款方式在銀行存款，因還沒有到期，所以可能不會出現利息所得，因此國稅局在初步審核時，的確不容易查出來，不過稽徵人員如果從劉醫師以往的資金流程中調查，就很容易發現繼承人漏報遺產稅的事實。姑且不論繼承人是否知情，一旦被國稅局查到繼承人漏報事實，除要補徵遺產稅之外，對所漏稅額還可能會有處罰規定，繼承人在申報遺產稅時切勿心存僥倖，應誠實申報。

二、發現漏報遺產應在申報期限內補報

　　繼承人在申報遺產稅時，如果故意隱匿部分遺產未申報，被國稅局補稅處罰，真是得不償失；不過繼承人如果真的不知道有漏報遺產，但被國稅局查到後補稅處罰，那真是冤枉。不過，財政部在79年5月15日以台財稅第790654358號解釋令規定，遺產稅納稅義務人申報遺產稅後，經稽徵機關查獲有短、漏報情事時，如納稅義務人確因無法知悉被繼承人全部財產致有短漏報情事，且能於遺產及贈與稅法第23條規定之六個月法定申報期限內或稽徵機關核准延期申報期限內提出補報者，應免罰。因此，繼承人

如果能在法定的六個月申報期限內發現漏報遺產，立刻補報就不會受到處罰。

法律筆記

◎ 遺產及贈與稅法第4條第1項
本法稱財產，指動產、不動產及其他一切有財產價值之權利。

◎ 遺產及贈與稅法第23條
被繼承人死亡遺有財產者，納稅義務人應於被繼承人死亡之日起六個月內，向戶籍所在地主管稽徵機關依本法規定辦理遺產稅申報。但依第六條第二項規定由稽徵機關申請法院指定遺產管理人者，自法院指定遺產管理人之日起算。

被繼承人為經常居住中華民國境外之中華民國國民或非中華民國國民死亡時，在中華民國境內遺有財產者，應向中華民國中央政府所在地之主管稽徵機關辦理遺產稅申報。

◎ 遺產及贈與稅法第26條
遺產稅或贈與稅納稅義務人具有正當理由不能如期申報者，應於前三條規定限期屆滿前，以書面申請延長之。

前項申請延長期限以三個月為限。但因不可抗力或其他有特殊之事由者，得由稽徵機關視實際情形核定之。

◎ 遺產及贈與稅法第45條
納稅義務人對依本法規定，應申報之遺產或贈與財產，已依本法規定申報而有漏報或短報情事者，應按所漏稅額處以二倍以下之罰鍰。

◎ 遺產及贈與稅法第46條
納稅義務人有故意以詐欺或其他不正當方法，逃漏遺產稅或贈與稅者，除依繼承或贈與發生年度稅率重行核計補徵外，並應處以所漏稅額一倍至三倍之罰鍰。

案例13

過了「核課期間」就沒事了嗎？

錯誤觀念

有贈與行為未申報贈與稅，經過五年沒被國稅局發現，以後就不會被補稅處罰。

正確觀念

有贈與財產超過贈與稅免稅額規定時，依法必須在贈與行為發生後三十日內向國稅局申報贈與稅。

生活小故事

早些年前，我家左邊的鐵皮屋裡住著姓吳的三個兄弟，他們的父親很早就去世了，吳家三兄弟全靠吳媽媽作家庭裁縫拉拔長大，生活雖不寬裕，但鐵皮屋裡卻常常傳出嘻笑的聲音，從來沒見過他們三兄弟吵架。

或許是生活真的太苦了，吳家三兄弟後來都從事與吃有關的行業，聽說後來吳家三兄弟存了一些錢開起了小飯館，也搬離了鐵皮屋。過了幾年，又聽說吳家三兄弟開起了連鎖飯館，生意相當火紅，娶妻生子還買了房子，吳媽媽現在除陪小孫子玩之外，都在家享清福了。我媽常叫我要學學他們，真令人羨慕。

我家的右邊則是五層樓的豪華透天厝，裡面住了姓周的一家

人，他們家剛好也是三個兄弟，老大周家齊、老二家榮、老三家宇。家宇是我小學的同班同學，記得那時家宇和我及另外三個同學特別要好，直到高中畢業，各自離家上大學後才比較少聯絡。

但是我們一直都很要好，家宇也常說他們家裡的事給我聽，不過大部分都是抱怨比較多，他們兄弟的年紀都相差很多歲，彼此的感情並不好，家宇出社會後更是常咒罵大哥家齊、二哥家榮，有一次家宇還罵了他的母親，從那次以後，我就開始與家宇疏遠了。

記得家宇的父親周先生還在世時，周家三兄弟的感情也算差強人意，彼此間還真有那麼一點親兄弟的感覺，至少我是認為如此。但自從周先生去世以後，周家三兄弟之間就漸漸有了齟齬，而且隨著年歲的增長，他們兄弟三個人也吵得更兇，有幾次更是大打出手，我還因此到過醫院探望住院的家宇，花了我不少錢買水果禮盒呢！說起來我還真有點……

其實說穿了周家三兄弟還不是為了錢嘛！據我瞭解，周先生過世後，由大兒子家齊申報遺產稅，國稅局發現周先生幾年前曾有大筆的利息所得，而周先生過世的那幾年，家齊才剛退伍進入到就業市場而已，老二家榮、老三家宇還是在學學生，但卻都有高額的利息所得。

但老大周家齊在申報遺產稅時，被繼承人周先生竟然沒有多少存款，國稅局於是開始清查被繼承人和繼承人的財產狀況。

經國稅局調查後發現，周先生死亡前四年贈與大兒子家齊新台幣2,000萬元，死亡前三年贈與二兒子家榮1,000萬元，死亡前一年則贈與三兒子家宇500萬元，但都沒有申報贈與稅。

國稅局最後除對周先生死亡前所贈與的財產補徵贈與稅之外，對周先生死亡前二年內的贈送財產再列入遺產總額中合併計課遺產稅，並就漏報遺產稅部分予以處罰。

　　問題就出在這裡！老大家齊2,000萬元，老二家榮1,000萬元，我的同學老三家宇則只有500萬元，家宇常常抱怨的就是這一些事，家宇說，為什麼他分得的錢就是最少，他曾和二哥家榮一起要求大哥家齊將他帳戶中的錢歸公後再平均分配，但大哥家齊卻始終不願意，所以他們就這樣鬧開了，從此三兄弟見面就像仇人似的，不打上一架好像事情就沒完沒了，我記得那幾年他們家的玻璃好像沒有幾塊是完好的。

　　現在，周家三兄弟也搬離了透天厝，但周家這棟房子並沒有賣掉，聽說三個兄弟都因為不願簽字，房子就丟在那裡不整理也無法出售，周媽媽一個人住在這裡，也很少看到家宇他們回來看周媽媽，我媽也叫我少跟家宇這種人來往，每次她一看到周媽媽都會因此唉聲嘆氣一番。這個時候我就必須躲得遠遠的，不然我的耳朵就無法清靜了。

關鍵說明

一、贈與稅核課期間是七年又三十天

　　依照稅捐稽徵法規定，未於規定期間內申報，或故意以詐欺或其他不正當方法逃漏稅捐者，其核課期間為七年。遺產及贈與稅法規定，贈與人在一年內贈與他人之財產總值超過贈與稅免稅額時，應在超過免稅額之贈與行為發生後三十天內，向主管稽徵機關辦理贈與稅申報。因此，贈與人有超過贈與免稅額的贈與行為，如果沒有在贈與行為發生後的三十天內，向轄區國稅局申報贈與稅，在七年又三十天內被國稅局查獲，就會被補稅處罰。以本案例來分析，國稅局如果在七年又三十天的核課期間內發現周先生的贈與事實，都可向周先生補徵贈與稅，並依漏報處理；一旦贈與行為過了七年又三十天的核課期間，國稅局如果沒有發現

周先生的贈與行為，即使以後才被發現，國稅局也無法再補徵到這筆贈與稅。周先生生前對三個兒子的贈與行為，因為都在贈與稅的核課期間內，所以都須補徵贈與稅。

贈與稅申報期間為三十天

核課期間屆滿為七年又三十天

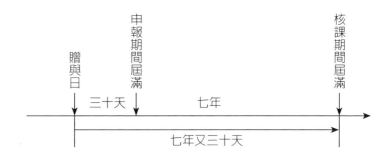

二、有遺產未申報遺產稅核課期間是七年六個月

依照稅捐稽徵法規定，被繼承人死亡，繼承人沒有在規定期間內申報遺產稅，核課期間是七年。又因遺產及贈與稅法規定，被繼承人死亡遺有財產者，納稅義務人應於被繼承人死亡之日起六個月內，向戶籍所在地主管稽徵機關辦理遺產稅申報。因此，繼承人如果沒有在被繼承人死亡後的六個月內向國稅局申報遺產稅，在被繼承人死亡後的七年又六個月內萬一被國稅局查獲，如果是有稅的繼承案件，繼承人不但要補稅還可能會被處罰。在本案例中，周先生的大兒子在申報周先生的遺產稅時，漏報周先生死亡前二年內的贈與，除要補徵贈與稅及遺產稅之外，就漏報的部分還可能會被處以罰鍰。

遺產稅申報期間爲六個月
核課期間屆滿爲七年又六個月

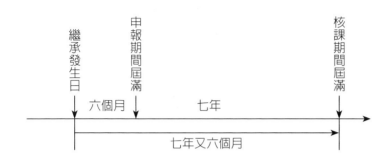

三、分年分次贈與現金給未成年子女沒有贈與稅的煩惱

　　未成年人通常都沒有所得能力，即使未成年人有所得能力，金額也不會很大。所以，國稅局對於具有高利息所得的未成年人一向都特別留意，尤其是對未成年人存款的來源更是有興趣。因此，父母如要贈與子女現金，最好利用分年分次贈與免稅額規定，每年贈與子女244萬元，年年贈與，就不會有贈與稅的問題。

法律筆記

◎ 稅捐稽徵法第21條

稅捐之核課期間，依下列規定：

一、依法應由納稅義務人申報繳納之稅捐，已在規定期間內申報，且無故意以詐欺或其他不正當方法逃漏稅捐者，其核課期間爲五年。

二、依法應由納稅義務人實貼之印花稅，及應由稅捐稽徵機關依稅籍底冊或查得資料核定課徵之稅捐，其核課期間爲五年。

三、未於規定期間內申報，或故意以詐欺或其他不正當方法逃漏
　　稅捐者，其核課期間為七年。

在前項核課期間內，經另發現應徵之稅捐者，仍應依法補徵或並
予處罰；在核課期間內未經發現者，以後不得再補稅處罰。

稅捐之核課期間屆滿時，有下列情形之一者，其時效不完成：

一、納稅義務人對核定稅捐處分提起行政救濟尚未終結者，自核
　　定稅捐處分經訴願或行政訴訟撤銷須另為處分確定之日起算
　　一年內。

二、因天災、事變或不可抗力之事由致未能作成核定稅捐處分
　　者，自妨礙事由消滅之日起算六個月內。

核定稅捐處分經納稅義務人於核課期間屆滿後申請復查或於核課
期間屆滿前一年內經訴願或行政訴訟撤銷須另為處分確定者，準
用前項第一款規定。

稅捐之核課期間，不適用行政程序法第一百三十一條第三項至第
一百三十四條有關時效中斷之規定。

中華民國一百十年十一月三十日修正之本條文施行時，尚未核課
確定之案件，亦適用前三項規定。

◎ **稅捐稽徵法第22條**

前條第一項核課期間之起算，依下列規定：

一、依法應由納稅義務人申報繳納之稅捐，已在規定期間內申報
　　者，自申報日起算。

二、依法應由納稅義務人申報繳納之稅捐，未在規定期間內申報
　　繳納者，自規定申報期間屆滿之翌日起算。

三、印花稅自依法應貼用印花稅票日起算。

四、由稅捐稽徵機關按稅籍底冊或查得資料核定徵收之稅捐，自
　　該稅捐所屬徵期屆滿之翌日起算。

五、土地增值稅自稅捐稽徵機關收件日起算。但第六條第三項規

定案件，自稅捐稽徵機關受法院或行政執行分署通知之日起算。

六、稅捐減免所依據處分、事實事後發生變更、不存在或所負擔義務事後未履行，致應補徵或追繳稅款，或其他無法依前五款規定起算核課期間者，自核課權可行使之日起算。

◎ 遺產及贈與稅法第15條

被繼承人死亡前二年內贈與下列個人之財產，應於被繼承人死亡時，視為被繼承人之遺產，併入其遺產總額，依本法規定徵稅：

一、被繼承人之配偶。

二、被繼承人依民法第一千一百三十八條及第一千一百四十條規定之各順序繼承人。

三、前款各順序繼承人之配偶。

八十七年六月二十六日以後至前項修正公布生效前發生之繼承案件，適用前項之規定。

◎ 遺產及贈與稅法第22條

贈與稅納稅義務人，每年得自贈與總額中減除免稅額二百二十萬元。

（編者註：自111年1月1日起贈與免稅額按物價指價調整為244萬元。）

◎ 遺產及贈與稅法第23條

被繼承人死亡遺有財產者，納稅義務人應於被繼承人死亡之日起六個月內，向戶籍所在地主管稽徵機關依本法規定辦理遺產稅申報。但依第六條第二項規定由稽徵機關申請法院指定遺產管理人者，自法院指定遺產管理人之日起算。

被繼承人為經常居住中華民國境外之中華民國國民或非中華民國國民死亡時，在中華民國境內遺有財產者，應向中華民國中央政府所在地之主管稽徵機關辦理遺產稅申報。

◎ **遺產及贈與稅法第24條**

除第二十條所規定之贈與外，贈與人在一年內贈與他人之財產總值超過贈與稅免稅額時，應於超過免稅額之贈與行為發生後三十日內，向主管稽徵機關依本法規定辦理贈與稅申報。

贈與人為經常居住中華民國境內之中華民國國民者，向戶籍所在地主管稽徵機關申報；其為經常居住中華民國境外之中華民國國民或非中華民國國民，就其在中華民國境內之財產為贈與者，向中華民國中央政府所在地主管稽徵機關申報。

◎ **遺產及贈與稅法第26條**

遺產稅或贈與稅納稅義務人具有正當理由不能如期申報者，應於前三條規定限期屆滿前，以書面申請延長之。

前項申請延長期限以三個月為限。但因不可抗力或其他有特殊之事由者，得由稽徵機關視實際情形核定之。

◎ **遺產及贈與稅法第44條**

納稅義務人違反第二十三條或第二十四條規定，未依限辦理遺產稅或贈與稅申報者，按核定應納稅額加處二倍以下之罰鍰。

◎ **遺產及贈與稅法第45條**

納稅義務人對依本法規定，應申報之遺產或贈與財產，已依本法規定申報而有漏報或短報情事者，應按所漏稅額處以二倍以下之罰鍰。

◎ **遺產及贈與稅法第46條**

納稅義務人有故意以詐欺或其他不正當方法，逃漏遺產稅或贈與稅者，除依繼承或贈與發生年度稅率重行核計補徵外，並應處以所漏稅額一倍至三倍之罰鍰。

案例14

土地徵收補償費免稅嗎？

錯誤觀念

土地徵收補償費免徵任何稅金。

正確觀念

土地被政府徵收時免徵土地增值稅，地主領到徵收補償費也免徵所得稅，但在遺產及贈與稅法中並沒有免徵的規定。

生活小故事

「我抽著差不多的菸，又過了差不多的一天……活在差不多的邊緣，又是差不多的一年……我是差不多先生，我的差不多是天生，代表我很天眞……這個差不多的人生……。」盧宜半在房間裡聽著「差不多先生」的歌曲，聲音放得震天價響。

自從盧宜半聽到熱狗主唱的這首「差不多先生」時，他眞是愛死了，每天都會關在房間裡聽個十幾遍，爲什麼盧宜半那麼愛這首歌，因爲這首歌唱到他的心坎裡，盧宜半認爲作人差不多就好了，何必太計較，很多事情他都覺得無所謂，凡事只要懂一半就好，並且他常常自以爲很聰明，所以盧宜半常會知道一些就以爲全懂了，不過他發生了兩件事以後，從此他不敢再當只知道一半的「半仙」了。

　　第一件事是他交了一個女朋友玫瑰，盧宜半長得又高又胖，他的女朋友玫瑰則是小巧玲瓏，聽說臉蛋是長得不錯，身材是該有的沒有，該凸的、該翹的也很抱歉都沒有，但盧宜半總覺得差不多就好，臉蛋差不多，身材差不多，一切都無所謂。

　　盧宜半是在一個酒吧裡認識玫瑰，兩個人認識的時候就顯得很熱絡，可能都已喝得醉醺醺的，兩個人那天剛認識就又摟又抱，玫瑰咬他耳朵，他就學玫瑰也咬了她的耳朵，玫瑰親他，他也回親一下，玫瑰比了一些好像是暗示性的手勢，盧宜半也以為那是好朋友親熱的表現，他也依樣畫葫蘆亂比一通。

　　從那天起，盧宜半和玫瑰就像熱戀中的男女朋友開始交往，兩人常常相約看電影、喝酒、喝咖啡……，盧宜半一度以為和玫瑰交往是他最幸福的一件事了，因為他從沒有交過女朋友，但自從認識玫瑰以後，盧宜半整個人生就覺得很不一樣，每天一起床就想著玫瑰，一天沒看到玫瑰就好像失了魂似的。

　　不過盧宜半有時也會覺得玫瑰好像怪怪的，尤其和玫瑰出遊時，不管天氣多熱，玫瑰的脖子上總是圍著一條紫色的絲巾，他有時要玫瑰拿掉，玫瑰卻始終不肯，所以兩人也偶爾會為了此事鬧翻，這引起了盧宜半的好奇。

　　有一次，盧宜半趁著玫瑰不注意，硬將玫瑰脖子上的絲巾拉掉，從此就和玫瑰斷絕往來，但並不只是因為玫瑰生氣了，而是……。

　　第二件讓盧宜半完全改變「半仙」個性的，是他父親盧先生的過世，他的父親盧先生生前有一筆公共設施保留地被政府徵收，並已領到3億元的土地徵收補償費，身為繼承人的盧宜半雖查詢了相關稅法規定，他以為自己差不多看懂了，就認為這筆土地徵收補償費應是免稅的，所以沒有向國稅局申報遺產稅，但事後不僅被國稅局補徵遺產稅，還被處以罰款。

　　盧宜半凡事只求知道一半的個性，讓他認為差不多可以免稅就未申報這筆遺產稅，卻因此補稅和被罰，盧宜半總算得到教訓了，而和前女朋友玫瑰交往這件事，更讓盧宜半對人、事、物從此不敢再抱著差不多、無所謂的態度。

　　為什麼？因為那次硬將玫瑰脖子上的絲巾拉掉後，盧宜半看到玫瑰是真的生氣了，但盧宜半更驚嚇的是，看到玫瑰頸子上那顆大大的喉結。

關鍵說明

一、土地徵收補償費沒有免徵遺產稅及贈與稅

　　依照都市計畫法規定，公共設施保留地因繼承而移轉可以免徵遺產稅，但免徵遺產稅的公共設施保留地，必須在繼承發生日前還沒有被政府徵收或雖已被公告徵收，但在繼承發生日還沒有公告確定的案件，才可以免徵遺產稅。在本案例中，被繼承人盧先生死亡前，這筆公共設施保留地已經被政府公告徵收完畢，而且領到了3億元的土地徵收補償費，因盧先生的公共設施保留地已經變成了補償費（現金），就喪失了免徵遺產稅的優惠。這筆土地徵收補償費，繼承人應該列入被繼承人的遺產總額中申報遺產稅，但繼承人沒有申報，因此被國稅局補稅處罰。

二、在法院提存所的徵收補償費仍要申報遺產稅

　　如果被繼承人生前對政府辦理土地徵收補償有異議或有其他原因而未領取土地徵收補償費，經主管機關將土地徵收補償費提存在法院，一直到被繼承人過世仍然沒有領取，繼承人仍然必須將這筆土地徵收補償費併入被繼承人的遺產總額中申報遺產稅，否則一旦被國稅局查到，會被依漏報遺產稅處理，這點繼承人要

特別小心。

三、地主領到土地徵收補償費要小心資金流向

　　土地徵收補償費領得少，少說也有幾十萬、幾百萬，如果領得多，幾千萬、幾億也大有人在。國稅局對於這些領到鉅額補償費的地主，都會給予「列管」。因此，對於領到土地徵收補償費的地主一定要特別小心這筆錢的運用，要是被國稅局查到這筆錢轉到子女的戶頭，所領到的土地徵收補償費可能有一部分就要繳回國庫，那就太可惜了。

法律筆記

◎ **都市計畫法第50條之1**
公共設施保留地因依本法第四十九條第一項徵收取得之加成補償，免徵所得稅；因繼承或因配偶、直系血親間之贈與而移轉者，免徵遺產稅或贈與稅。

◎ **土地稅法第39條**
被徵收之土地，免徵其土地增值稅；依法得徵收之私有土地，土地所有權人自願售與需用土地人者，準用之。

依都市計畫法指定之公共設施保留地尚未被徵收前之移轉，準用前項前段規定，免徵土地增值稅。但經變更為非公共設施保留地後再移轉時，以該土地第一次免徵土地增值稅前之原規定地價或最近一次課徵土地增值稅時核定之申報移轉現值為原地價，計算漲價總數額，課徵土地增值稅。

非都市土地經需用土地人開闢完成或依計畫核定供公共設施使用，並依法完成使用地編定，其尚未被徵收前之移轉，經需用土地人證明者，準用第一項前段規定，免徵土地增值稅。但經變更

為非公共設施使用後再移轉時，以該土地第一次免徵土地增值稅前之原規定地價或最近一次課徵土地增值稅時核定之申報移轉現值為原地價，計算漲價總數額，課徵土地增值稅。

前項證明之核發程序及其他應遵行事項之辦法，由財政部會同有關機關定之。

本法中華民國一百十年五月二十一日修正之條文施行時，尚未核課或尚未核課確定案件，適用第三項規定。

◎ **遺產及贈與稅法第4條第1項**

本法稱財產，指動產、不動產及其他一切有財產價值之權利。

◎ **遺產及贈與稅法第23條**

被繼承人死亡遺有財產者，納稅義務人應於被繼承人死亡之日起六個月內，向戶籍所在地主管稽徵機關依本法規定辦理遺產稅申報。但依第六條第二項規定由稽徵機關申請法院指定遺產管理人者，自法院指定遺產管理人之日起算。

被繼承人為經常居住中華民國境外之中華民國國民或非中華民國國民死亡時，在中華民國境內遺有財產者，應向中華民國中央政府所在地之主管稽徵機關辦理遺產稅申報。

◎ **遺產及贈與稅法第45條**

納稅義務人對依本法規定，應申報之遺產或贈與財產，已依本法規定申報而有漏報或短報情事者，應按所漏稅額處以二倍以下之罰鍰。

◎ **遺產及贈與稅法第46條**

納稅義務人有故意以詐欺或其他不正當方法，逃漏遺產稅或贈與稅者，除依繼承或贈與發生年度稅率重行核計補徵外，並應處以所漏稅額一倍至三倍之罰鍰。

案例15

父母不是遺產繼承人也可以扣除嗎？

錯誤觀念

父母如果不是遺產繼承人，就不能在遺產稅申報時列報扣除。

正確觀念

不論被繼承人的父母是否為繼承人，只要在繼承人死亡時尚生存，就可在申報遺產稅時列報扣除。

生活小故事

「健良，你醒醒啊！你不能留我一個人啊！你醒醒啊！」美玲哭喊著躺在病床上的王健良，她希望這個時候王健良能夠醒來和她說說話，不過王健良這個時候仍陷於重度昏迷。

美玲看著王健良，數度哽咽，無法停止地傷心和哭泣，她真恨！恨自己才剛開始媳婦熬成婆，就要過好日子了，可是王健良在這個時候棄她而去，美玲不甘心，她實在不甘心，她再次用力哭了出來，多年來的委屈、難過都在這個時候不自主地宣洩出來，「嗚……嗚……」。美玲就這樣持續地哭著，時間似乎已經不存在了。

「美玲嫁給我好嗎？我會用一輩子的時間來愛妳！……。」

美玲記得那時王健良跪在地上向她求婚的樣子，她不禁想，健良的一輩子還眞短，夫妻的緣分只持續了十幾年，但眞正讓美玲過得比較輕鬆愉快、能夠隨心所欲地打理這個家的時間則還不到一年，你說她能不恨嗎？

　　美玲想起初嫁入王家時的情景，由於王健良是家中的長子，他的弟弟、妹妹都還未嫁娶，也都住在一起，不過這可苦了美玲，美玲未婚時可是家裡的寶，她從來就沒有進過廚房、拿過菜刀，衣服也是媽媽幫她洗好擺在衣櫃裡，美玲一直以爲這是理所當然的事，她這時候才知道自己的母親是多麼地疼愛她！

　　「煮這個是什麼菜？飯怎麼這麼爛？妳這是煮稀飯還是煮乾飯？……」在婆婆的苛責下，美玲只能從簡單的荷包蛋學起，但沒有人願意給她時間，她常常看著自己辛苦煮好滿桌的菜，卻沒人動筷子就離家上班、上課，美玲宛如受到地獄般地煎熬，但在婆婆注視的眼光下，她也只能把這些菜慢慢地吞進肚子裡，同時也吞進她滿腹的辛酸。

　　美玲不敢對王健良抱怨，她知道健良也不輕鬆，她不願用生活上的瑣事來煩他，但她幾度幾乎崩潰，後來懷了第一胎時，美玲的生活才又重新找到目標和喜悅，公公婆婆的關愛是她無法想像得好，但知道肚子裡懷的是女兒後，美玲的雙手又像觸摸到冰箱的冷凍庫一般，她的心也因而冷得發抖。

　　直到第二胎生下兒子後，美玲在這個家的地位才逐漸穩固，她先生王健良的生意同時逐漸步上軌道，這個家開始由美玲作主，她開始可以隨心所欲地作她想作的事，她的飯菜煮得再難吃也沒有人嫌她了，美玲覺得正可以開始享受她的人生了，沒想到她的先生王健良卻……。

　　她的先生王健良過世後，一切的擔子就完全落在美玲的身上了，美玲第一件要學習的就是申報遺產稅，王健良的遺產總額經

核算為新台幣3,000萬元，美玲除了有一兒一女，王健良的父母也都還健在。

但美玲認為她先生王健良的父母都不是遺產繼承人，所以在遺產稅申報書中，僅列配偶扣除額553萬元及二名子女扣除額，卻漏列了被繼承人王健良父母親的扣除額，也因為這樣，美玲多繳了不少遺產稅。

關鍵說明

一、被繼承人的父母不是遺產繼承人也可以列報扣除

依照遺產及贈與稅法規定，被繼承人死亡時，其父母如果仍然在世，不論被繼承人的父母是不是遺產繼承人，繼承人都可依規定主張從被繼承人的遺產總額中每人扣除138萬元。在本案例中，美玲在申報其先生王健良的遺產稅時，認為王健良的父母並不是遺產繼承人，所以未主張扣除，以致多繳了不少遺產稅。

二、善用扣除額可以少繳稅金

遺產稅的扣除額加上都市計畫法規定的公共設施保留地扣除額共有10多項，繼承人在申報遺產稅前，最好仔細檢查，是否該扣的都扣除了，以免影響到自身應有的權益。

遺產稅扣除額項目

扣除項目	可扣除金額
1.配偶扣除額	553萬元
2.直系血親卑親屬扣除額	每人56萬元
3.父母扣除額	每人138萬元
4.身心障礙特別扣除額	每人加扣693萬元

扣除項目	可扣除金額
5.兄弟姊妹及祖父母扣除額	每人56萬元
6.農業用地扣除額	作農業使用可全數扣除
7.快速繼承扣除額	死亡前六年內繼承之財產扣除80% 死亡前七年內繼承之財產扣除60% 死亡前八年內繼承之財產扣除40% 死亡前九年內繼承之財產扣除20%
8.未納稅捐、罰鍰扣除額	1.罰單所記載金額 2.地價稅、房屋稅按比例扣除
9.未償債務扣除額	按債務金額扣除
10.喪葬費扣除額	138萬元
11.執行遺囑及管理遺產扣除額	按實際支出金額
12.公共設施保留地扣除額	可同額扣除
13.夫妻剩餘財產差額分配請求權	依請求權金額扣除

法律筆記

◎ 民法第1138條

遺產繼承人，除配偶外，依下列順序定之：

一、直系血親卑親屬。

二、父母。

三、兄弟姊妹。

四、祖父母。

◎ 遺產及贈與稅法第12條之1

本法規定之下列各項金額，每遇消費者物價指數較上次調整之指數累計上漲達百分之十以上時，自次年起按上漲程度調整之。調整金額以萬元為單位，未達萬元者按千元數四捨五入：

一、免稅額。

二、課稅級距金額。

三、被繼承人日常生活必需之器具及用具、職業上之工具，不計
　　入遺產總額之金額。

四、被繼承人之配偶、直系血親卑親屬、父母、兄弟姊妹、祖父
　　母扣除額、喪葬費扣除額及身心障礙特別扣除額。

財政部於每年十二月底前，應依據前項規定，計算次年發生之繼
承或贈與案件所應適用之各項金額後公告之。所稱消費者物價指
數，指行政院主計總處公布，自前一年十一月起至該年十月底為
止十二個月平均消費者物價指數。

◎ **遺產及贈與稅法第17條**（按物價指數調整後之金額請見附
　　錄）

下列各款，應自遺產總額中扣除，免徵遺產稅：

一、被繼承人遺有配偶者，自遺產總額中扣除四百萬元。

二、繼承人為直系血親卑親屬者，每人得自遺產總額中扣除四十
　　萬元。其有未成年者，並得按其年齡距屆滿成年之年數，每
　　年加扣四十萬元。但親等近者拋棄繼承由次親等卑親屬繼承
　　者，扣除之數額以拋棄繼承前原得扣除之數額為限。

三、被繼承人遺有父母者，每人得自遺產總額中扣除一百萬元。

四、前三款所定之人如為身心障礙者權益保障法規定之重度以上
　　身心障礙者，或精神衛生法規定之嚴重病人，每人得再加扣
　　五百萬元。

五、被繼承人遺有受其扶養之兄弟姊妹、祖父母者，每人得自遺
　　產總額中扣除四十萬元；其兄弟姊妹中有未成年者，並得按
　　其年齡距屆滿成年之年數，每年加扣四十萬元。

六、遺產中作農業使用之農業用地及其地上農作物，由繼承人或
　　受遺贈人承受者，扣除其土地及地上農作物價值之全數。承

受人自承受之日起五年內，未將該土地繼續作農業使用且未在有關機關所令期限內恢復作農業使用，或雖在有關機關所令期限內已恢復作農業使用而再有未作農業使用情事者，應追繳應納稅賦。但如因該承受人死亡、該承受土地被徵收或依法變更爲非農業用地者，不在此限。

七、被繼承人死亡前六年至九年內，繼承之財產已納遺產稅者，按年遞減扣除百分之八十、百分之六十、百分之四十及百分之二十。

八、被繼承人死亡前，依法應納之各項稅捐、罰鍰及罰金。

九、被繼承人死亡前，未償之債務，具有確實之證明者。

十、被繼承人之喪葬費用，以一百萬元計算。

十一、執行遺囑及管理遺產之直接必要費用。

被繼承人如爲經常居住中華民國境外之中華民國國民，或非中華民國國民者，不適用前項第一款至第七款之規定；前項第八款至第十一款規定之扣除，以在中華民國境內發生者爲限；繼承人中拋棄繼承權者，不適用前項第一款至第五款規定之扣除。

◎ **遺產及贈與稅法第17條之1**

被繼承人之配偶依民法第一千零三十條之一規定主張配偶剩餘財產差額分配請求權者，納稅義務人得向稽徵機關申報自遺產總額中扣除。

納稅義務人未於稽徵機關核發稅款繳清證明書或免稅證明書之日起一年內，給付該請求權金額之財產予被繼承人之配偶者，稽徵機關應於前述期間屆滿之翌日起五年內，就未給付部分追繳應納稅賦。

◎ **都市計畫法第50條之1**

公共設施保留地因依本法第四十九條第一項徵收取得之加成補償，免徵所得稅；因繼承或因配偶、直系血親間之贈與而移轉

者，免徵遺產稅或贈與稅。

◎ 遺產及贈與稅法第23條

被繼承人死亡遺有財產者，納稅義務人應於被繼承人死亡之日起六個月內，向戶籍所在地主管稽徵機關依本法規定辦理遺產稅申報。但依第六條第二項規定由稽徵機關申請法院指定遺產管理人者，自法院指定遺產管理人之日起算。

被繼承人為經常居住中華民國境外之中華民國國民或非中華民國國民死亡時，在中華民國境內遺有財產者，應向中華民國中央政府所在地之主管稽徵機關辦理遺產稅申報。

案例16

不動產逾期辦理繼承登記會被罰款

錯誤觀念

被繼承人死亡，繼承人在規定期間內申報並繳納遺產稅後，不論什麼時候辦理不動產繼承登記都不會被處罰。

正確觀念

不動產繼承登記如果逾期辦理，繼承人仍會被處以罰鍰。

生活小故事

「三哥，我和大姊已經照顧父親十多年了，現在我有一個出國工作的機會，你和其他的哥哥應該負起照顧父親的責任了……。」譚小同顧慮要和大姊一起照顧父親，之前和大姊共同開的店因經濟不景氣收掉後，到現在已經失業了兩、三年，最近好不容易有出國工作的機會，但老父親沒有人照顧，他也不敢有什麼計畫，所以他硬著頭皮找三哥商量照顧父親的事。

「你二哥在外地工作又沒有家庭，可能找他輪流照顧會有困難，看來只有我和大哥輪流照顧了。」三哥一向疼愛小弟譚小同，知道譚小同有機會出國工作，也很願意接手照顧父親，他甚至拍胸脯保證一定會作到。

「請你諒解，我並不是丟下不管，如果父親由你們接手照

顧，我每個月會匯1萬元回來，過去你也知道你們幾個哥哥都沒給我和大姊半毛錢……。」譚小同故意略提了一下往事，讓三哥臉上掛不住，間接對他施壓，因為譚小同知道，如果父親的事沒有安排好，他等於什麼事都作不了，所以只能出此下策。

原本譚小同和他三哥應該能達成協議，但坐在一旁的三嫂卻忍不住抗議說：「家裡沒地方給父親住啊！……」「妳閉嘴！」在三嫂不斷插嘴抗議後，三哥總算發飆了，而譚小同卻覺得他三嫂的理由很可笑。

整個協調的過程中，譚小同雖然知道三哥已有反悔、推拖的意思，但是他也不能多說什麼，只能說沒有意見，順勢讓三哥自己去找大哥商量。雖然後來譚小同順利出國工作，可是三哥答應他的事卻完全走樣，甚至覺得被他三哥背叛。

譚小同內心非常難過，母親早死，現在譚家連他在內共有四個兄弟和一個姊姊，竟然連一個老父親都無法輪流照顧，他也只能告訴自己，他被生下來有責任要來照顧父親，雖然心裡對哥哥們有怨恨，但他知道他絕對無法棄父親於不顧。

譚小同第一次休假返國探視父親時，他就喪失出國工作的意願了，後來也真的把工作辭掉，前後時間還不到三個月。因為他三哥信誓旦旦拍胸脯保證的話，竟然一切都是謊言！老父親還是被丟在大姊住處並未接走。

大姊告訴譚小同說：「你幾個哥哥每個月貼5,000元給我，很明顯地，他們根本沒有接去照顧的意思，錢不拿白不拿，你不要妄想他們會照顧父親……。」

「……父親前陣子腳痛無法起身上廁所，我叫你其他的哥哥過來幫忙，結果父親躺在床上大小便，全身發臭也不見他們的人影……。」當譚小同聽到大姊告訴他的這些話時，他徹底被打垮了。後來他三哥放小話給他大哥，煽動他大哥過來毆打譚小同，

則是後來的事，譚小同完全灰心了。

　　譚小同只能不斷告訴自己，父親是他自己的父親，而且是他一個人的！那一陣子，譚小同每天都在怨恨中度過，他曾發飆要他的哥哥們簽下契約說：「從此以後父親歸我一個人的，生病住院等事情都歸我，鄉下父親名下的土地歸你們所有，以後不相往來，也不用來探視父親了！」奇怪的是竟然沒有人敢簽字，父親都不願意照顧了，卻害怕別人說他們不孝！譚小同覺得相當可笑。

　　那一年，譚老先生終於過世了，譚小同自認為很欣慰的是老父親死時已高齡90歲了，他終於完成自己照顧父親的心願了，但他對幾個哥哥仍無法諒解。

　　在申報譚老先生的遺產稅後，譚小同不願意在遺產分割協議書上用印，所以繼承人沒有向地政事務所辦理繼承登記，最後在父親過世三年後才同意在遺產分割協議書簽字，但因逾期辦理繼承登記，被地政事務所處以登記規費20倍的罰款。

　　譚小同完成照顧父親這樁心願後，他才有辦法開始過自己的生活，過去對兄長的怨恨讓他每天好像只能為了這些仇恨活著，現在他嘗試忘掉這些不愉快的過去，漸漸地從近二十年的仇恨中走出來。

關鍵說明

一、不動產要辦繼承登記才可處分

　　依照民法規定，繼承人雖因被繼承人死亡，即繼承了被繼承人一切的權利及義務，但不動產部分如果沒有向地政事務所辦理繼承登記，繼承人是不可以處分（如抵押設定、買賣移轉等）不動產。

二、繼承登記須在被繼承人死亡後六個月內辦理

根據土地法規定，繼承登記必須在繼承開始後的六個月內辦理，否則每超過一個月要罰1倍的登記規費，最高可罰到20倍。在本案例中，繼承人因逾期辦理繼承登記，所以被地政事務所處以20倍的登記規費罰鍰。

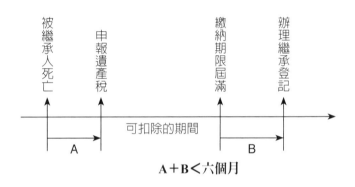

三、繼承人申報繳納遺產稅的期間可扣除

依據土地登記規則規定，土地權利變更登記逾期申請，於計算登記費罰鍰時，對於不能歸責於申請人之期間，應予扣除。所以，繼承人申報遺產稅因國稅局審核所延誤的期間，可自土地法規定的六個月內予以扣除。

四、遺產分割無法協議也可辦繼承登記

依照民法規定，繼承人有數人時，在分割遺產前，各繼承人對遺產全部為公同共有。當繼承人取得遺產稅繳清證明書或免稅證明書後，在辦理遺產繼承登記時，如果因繼承人對遺產分割不能達成協議，致使部分繼承人無法會同辦理繼承登記，可由其中一人或數人，為全體繼承人之利益，辦理公同共有繼承登記，暫時解決繼承登記的問題，日後繼承人間對遺產分割如能達成協

議，仍然可以再向地政事務所辦理遺產分割繼承登記，就不會因繼承人一時無法達成協議而被地政事務所處罰。

法律筆記

◎ **民法第759條**
因繼承、強制執行、徵收、法院之判決或其他非因法律行為，於登記前已取得不動產物權者，應經登記，始得處分其物權。

◎ **民法第1148條**
繼承人自繼承開始時，除本法另有規定外，承受被繼承人財產上之一切權利、義務。但權利、義務專屬於被繼承人本身者，不在此限。

繼承人對於被繼承人之債務，以因繼承所得遺產為限，負清償責任。

◎ **土地法第73條**
土地權利變更登記，應由權利人及義務人會同聲請之。其無義務人者，由權利人聲請之。其係繼承登記者，得由任何繼承人為全體繼承人聲請之。但其聲請，不影響他繼承人拋棄繼承或限定繼承之權利。

前項聲請，應於土地權利變更後一個月內為之。其係繼承登記者，得自繼承開始之日起，六個月內為之。聲請逾期者，每逾一個月得處應納登記費額一倍之罰鍰。但最高不得超過二十倍。

◎ **土地法第73條之1**
土地或建築改良物，自繼承開始之日起逾一年未辦理繼承登記者，經該管直轄市或縣市地政機關查明後，應即公告繼承人於三個月內聲請登記，並以書面通知繼承人；逾期仍未聲請者，得由地政機關予以列冊管理。但有不可歸責於聲請人之事由，其期間

應予扣除。

前項列冊管理期間為十五年，逾期仍未聲請登記者，由地政機關書面通知繼承人及將該土地或建築改良物清冊移請財政部國有財產署公開標售。繼承人占有或第三人占有無合法使用權者，於標售後喪失其占有之權利；土地或建築改良物租賃期間超過五年者，於標售後以五年為限。

依第二項規定標售土地或建築改良物前應公告三個月，繼承人、合法使用人或其他共有人就其使用範圍依序有優先購買權。但優先購買權人未於決標後三十日內表示優先購買者，其優先購買權視為放棄。

標售所得之價款應於國庫設立專戶儲存，繼承人得依其法定應繼分領取。逾十年無繼承人申請提領該價款者，歸屬國庫。

第二項標售之土地或建築改良物無人應買或應買人所出最高價未達標售之最低價額者，由財政部國有財產署定期再標售，於再行標售時，財政部國有財產署應酌減拍賣最低價額，酌減數額不得逾百分之二十。經五次標售而未標出者，登記為國有並準用第二項後段喪失占有權及租賃期限之規定。自登記完畢之日起十年內，原權利人得檢附證明文件按其法定應繼分，向財政部國有財產署申請就第四項專戶提撥發給價金；經審查無誤，公告九十日期滿無人異議時，按該土地或建築改良物第五次標售底價分算發給之。

◎ 土地法第76條

聲請為土地權利變更登記，應由權利人按申報地價或權利價值千分之一繳納登記費。

聲請他項權利內容變更登記，除權利價值增加部分，依前項繳納登記費外，免納登記費。

◎ 土地登記規則第50條

逾期申請登記之罰鍰，應依土地法之規定計收。

土地權利變更登記逾期申請，於計算登記費罰鍰時，對於不能歸責於申請人之期間，應予扣除。

◎ 土地登記規則第119條

申請繼承登記，除提出第三十四條第一項第一款及第三款之文件外，並應提出下列文件：

一、載有被繼承人死亡記事之戶籍謄本。

二、繼承人現在戶籍謄本。

三、繼承系統表。

四、遺產稅繳（免）納證明書或其他有關證明文件。

五、繼承人如有拋棄繼承，應依下列規定辦理：

(一) 繼承開始時在中華民國七十四年六月四日以前者，應檢附拋棄繼承權有關文件；其向其他繼承人表示拋棄者，拋棄人應親自到場在拋棄書內簽名。

(二) 繼承開始時在中華民國七十四年六月五日以後者，應檢附法院准予備查之證明文件。

六、其他依法律或中央地政機關規定應提出之文件。

前項第二款之繼承人現在戶籍謄本，於部分繼承人申請登記為全體繼承人公同共有時，未能會同之繼承人得以曾設籍於國內之戶籍謄本及敘明未能檢附之理由書代之。

第一項第一款、第二款之戶籍謄本，能以電腦處理達成查詢者，得免提出。

第一項第三款之繼承系統表，由申請人依民法有關規定自行訂定，註明如有遺漏或錯誤致他人受損害者，申請人願負法律責任，並簽名。

因法院確定判決申請繼承登記者，得不提出第一項第一款、第三

款及第五款之文件。

◎ **土地登記規則第120條**

繼承人為二人以上，部分繼承人因故不能會同其他繼承人共同申請繼承登記時，得由其中一人或數人為全體繼承人之利益，就被繼承人之土地，申請為公同共有之登記。其經繼承人全體同意者，得申請為分別共有之登記。

登記機關於登記完畢後，應將登記結果通知他繼承人。

案例17

短期內多次繼承有減免規定

錯誤觀念

　　被繼承人死亡，所遺留之遺產，都必須依法課徵遺產稅。

正確觀念

　　被繼承人之遺產如有在死亡前九年內繼承之財產且有繳納遺產稅，在申報遺產稅時可主張不計入遺產總額或增加扣除金額。

生活小故事

　　美月年輕時曾算過命，那次以後她就不願再去算命了，但美月的心裡始終存在這個疙瘩，人說瞎子算命仙特別靈驗，美月找的這個劉半仙不但是個瞎子，還瘸了一條右腿，至於他的功力怎麼樣？美月並不瞭解，但她知道要找劉半仙算命，排隊掛號往往要等上一週以上。

　　劉半仙說美月雙手斷掌，嘴巴硬、個性硬、命更硬，劉半仙叫美月最好不要嫁，嫁了不是剋夫早死，就是離婚收場，如果真的要嫁，就當小老婆，會長命百歲、富貴永遠，劉半仙直斷美月就是細姨仔命，美月聽了發瘋似地快跑離開，她心裡壓根兒就不願相信，美月發誓將來要回來拆劉半仙的招牌，否則不能消了這股怨氣。

　　過了不久，美月經朋友介紹認識了吳先生，吳先生的年紀和美月相當，不僅年輕瀟灑，家裡又多金，美月滿意極了，兩人交往三個月後就步入禮堂，婚後美月真的度過了甜甜蜜蜜的蜜月期，美月也發現自己懷了身孕，她內心是又驚又喜，她計畫等小孩生下來後就去拆掉劉半仙的招牌。

　　很不幸地，美月幸福的生活一下子就破滅了。自從她懷孕後，吳先生即常常外宿未歸，原來吳先生本來就喜歡拈花惹草，和美月結婚完全是奉父母之命，其實吳先生在外面一直有相好。美月認為這種婚姻不值得再過下去，她不管自己仍挺著大肚子，就決定和吳先生簽字離婚，斷了這段姻緣。

　　小孩後來是順利生下來了，是個男孩，吳先生的家人也沒有硬要將小孩帶回去，所以小孩就跟著美月過活。這一、兩年間，美月又認識了開計程車的老王，老王整整大美月13歲，也不嫌棄美月離婚又有小孩，他是真喜歡美月，也展開猛烈的追求。

　　美月深知自己目前的條件，她也喜歡老王的老實善良，至少他不會像前夫一樣劈腿吧！美月對這一點還很有信心，但還是和老王交往了一年多後，兩人才到戶政事務所辦結婚登記，美月下定決心要和老王好好過日子。

　　可恨的是老王卻在開車時發生意外喪生，老王生前沒什麼積蓄，不過還好也沒有欠人家什麼錢，就是計程車的貸款還沒有繳清，美月也只能將車子賣掉，還清債務也結束了這段婚姻。

　　美月雖然常常心裡咒罵著劉半仙，但是自己一次離婚，另一次婚姻以丈夫意外身亡收場，她想不信都不可能，至少心裡有陰影存在，美月現在唯一確定的是，這輩子永遠無法把劉半仙的招牌拆下來了。

　　但是美月還想再賭一次，因為兩段婚姻都沒有留下什麼錢，生活也發生困難，至少趁著現在還年輕，閉著眼睛再嫁一次吧！

美月希望能為自己和孩子找一個長期飯票，其他再說吧！

美月的第三次婚姻是嫁給死了妻子的洪先生，是一個老實的種田人，雖然年紀大了許多，至少身體健康，而且也沒有子嗣，美月最喜歡的是，洪先生告訴美月將來會繼承一些祖產，這一段婚姻意外地持續了將近七年的時間，美月也為他生下一個兒子。

洪先生過世時，給美月留下二筆土地，其中一筆為死亡前三年內繼承的財產，公告現值為新台幣5,000萬元，另一筆為死亡前六年繼承的財產，公告現值為新台幣3,000萬元，美月在申報遺產稅時，因不諳法令規定，所以沒有主張減免扣除。

美月後來知道她多繳了遺產稅，不過她還是看得很開，比起前兩段悲慘的婚姻，洪先生不僅留了許多遺產給她，她也跟洪先生快樂地過了將近七年的生活，還多了一個可愛的兒子。

關鍵說明

一、死亡前快速繼承財產有減免規定

為避免同一筆財產在近期內連續繼承而被重複課徵遺產稅，遺產及贈與稅法規定，被繼承人死亡前五年內繼承的財產可以不計入遺產總額，免徵遺產稅，被繼承人死亡前六年至九年內繼承的財產，可以自遺產總額中按年遞減扣除80%、60%、40%及20%。在本案例中，被繼承人洪先生的遺產中有一筆是死亡前五年內繼承的財產，繼承人應該可以主張全數扣除，另一筆為死亡前六年繼承的財產，應可依法扣除土地價值的80%。

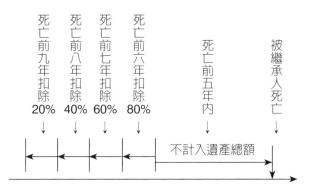

死亡前九年扣除20%　死亡前八年扣除40%　死亡前七年扣除60%　死亡前六年扣除80%　死亡前五年內　被繼承人死亡

不計入遺產總額

二、有繳過遺產稅才有減免規定之適用

繼承人在適用以上減免規定時，應注意被繼承人九年內所繼承的財產是否已「完納遺產稅」，如果被繼承人的遺產中雖有九年內繼承的財產，但這些遺產都沒有繳過遺產稅（如未達遺產稅起徵標準），就沒有重複課徵遺產稅，不符合減免規定的意旨，繼承人仍然必須併入被繼承人遺產總額中計課遺產稅。

三、申報遺產稅必須檢附證明文件

如果被繼承人有在死亡前九年內繼承財產，繼承人可檢具前次遺產稅繳清證明書，在遺產稅申報時向國稅局主張列入不計入遺產總額或是扣除部分財產價值。

法律筆記

◎ 遺產及贈與稅法第12條之1

本法規定之下列各項金額，每遇消費者物價指數較上次調整之指數累計上漲達百分之十以上時，自次年起按上漲程度調整之。調整金額以萬元為單位，未達萬元者按千元數四捨五入：

一、免稅額。

二、課稅級距金額。

三、被繼承人日常生活必需之器具及用具、職業上之工具，不計入遺產總額之金額。

四、被繼承人之配偶、直系血親卑親屬、父母、兄弟姊妹、祖父母扣除額、喪葬費扣除額及身心障礙特別扣除額。

財政部於每年十二月底前，應依據前項規定，計算次年發生之繼承或贈與案件所應適用之各項金額後公布之。所稱消費者物價指數，指行政院主計總處公布，自前一年十一月起至該年十月底為止十二個月平均消費者物價指數。

◎ **遺產及贈與稅法第16條**（按物價指數調整後之金額請見附錄）

左列各款不計入遺產總額：

一、遺贈人、受遺贈人或繼承人捐贈各級政府及公立教育、文化、公益、慈善機關之財產。

二、遺贈人、受遺贈人或繼承人捐贈公有事業機構或全部公股之公營事業之財產。

三、遺贈人、受遺贈人或繼承人捐贈於被繼承人死亡時，已依法登記設立為財團法人組織且符合行政院規定標準之教育、文化、公益、慈善、宗教團體及祭祀公業之財產。

四、遺產中有關文化、歷史、美術之圖書、物品，經繼承人向主管稽徵機關聲明登記者。但繼承人將此項圖書、物品轉讓時，仍須自動申報補稅。

五、被繼承人自己創作之著作權、發明專利權及藝術品。

六、被繼承人日常生活必需之器具及用品，其總價值在七十二萬元以下部分。

七、被繼承人職業上之工具，其總價值在四十萬元以下部分。

八、依法禁止或限制採伐之森林。但解禁後仍須自動申報補稅。

九、約定於被繼承人死亡時，給付其所指定受益人之人壽保險金額、軍、公教人員、勞工或農民保險之保險金額及互助金。

十、被繼承人死亡前五年內，繼承之財產已納遺產稅者。

十一、被繼承人配偶及子女之原有財產或特有財產，經辦理登記或確有證明者。

十二、被繼承人遺產中經政府闢為公眾通行道路之土地或其他無償供公眾通行之道路土地，經主管機關證明者。但其屬建造房屋應保留之法定空地部分，仍應計入遺產總額。

十三、被繼承人之債權及其他請求權不能收取或行使確有證明者。

◎ **遺產及贈與稅法第17條**（按物價指數調整後之金額請見附錄）

下列各款，應自遺產總額中扣除，免徵遺產稅：

一、被繼承人遺有配偶者，自遺產總額中扣除四百萬元。

二、繼承人為直系血親卑親屬者，每人得自遺產總額中扣除四十萬元。其有未成年者，並得按其年齡距屆滿成年之年數，每年加扣四十萬元。但親等近者拋棄繼承由次親等卑親屬繼承者，扣除之數額以拋棄繼承前原得扣除之數額為限。

三、被繼承人遺有父母者，每人得自遺產總額中扣除一百萬元。

四、前三款所定之人如為身心障礙者權益保障法規定之重度以上身心障礙者，或精神衛生法規定之嚴重病人，每人得再加扣五百萬元。

五、被繼承人遺有受其扶養之兄弟姊妹、祖父母者，每人得自遺產總額中扣除四十萬元；其兄弟姊妹中有未成年者，並得按其年齡距屆滿成年之年數，每年加扣四十萬元。

六、遺產中作農業使用之農業用地及其地上農作物，由繼承人或

受遺贈人承受者，扣除其土地及地上農作物價值之全數。承受人自承受之日起五年內，未將該土地繼續作農業使用且未在有關機關所令期限內恢復作農業使用，或雖在有關機關所令期限內已恢復作農業使用而再有未作農業使用情事者，應追繳應納稅賦。但如因該承受人死亡、該承受土地被徵收或依法變更為非農業用地者，不在此限。

七、被繼承人死亡前六年至九年內，繼承之財產已納遺產稅者，按年遞減扣除百分之八十、百分之六十、百分之四十及百分之二十。

八、被繼承人死亡前，依法應納之各項稅捐、罰鍰及罰金。

九、被繼承人死亡前，未償之債務，具有確實之證明者。

十、被繼承人之喪葬費用，以一百萬元計算。

十一、執行遺囑及管理遺產之直接必要費用。

被繼承人如為經常居住中華民國境外之中華民國國民，或非中華民國國民者，不適用前項第一款至第七款之規定；前項第八款至第十一款規定之扣除，以在中華民國境內發生者為限；繼承人中拋棄繼承權者，不適用前項第一款至第五款規定之扣除。

◎ 遺產及贈與稅法第17條之1

被繼承人之配偶依民法第一千零三十條之一規定主張配偶剩餘財產差額分配請求權者，納稅義務人得向稽徵機關申報自遺產總額中扣除。

納稅義務人未於稽徵機關核發稅款繳清證明書或免稅證明書之日起一年內，給付該請求權金額之財產予被繼承人之配偶者，稽徵機關應於前述期間屆滿之翌日起五年內，就未給付部分追繳應納稅賦。

案例18

繼承人已付的醫療看護費用可以扣除嗎？

錯誤觀念

被繼承人生前之醫療及看護費用，如由繼承人負責繳納並留有單據時，可從遺產總額中列報扣除。

正確觀念

生前已付之醫療及看護費用並非被繼承人之未償債務，國稅局不會同意自遺產總額中扣除。

生活小故事

曾先生擁有一個令人稱羨的恩愛家庭，可以說一家人好得連神仙也會嫉妒，好得讓人感覺那絕不是真的，怎麼可能！

如果我告訴老李這個家庭的故事，他一定會說：「殺了我吧！世間絕不會存在這樣的故事！」但老李是因為他的遭遇而對曾先生的故事產生懷疑，說真的，我不怪他。

其實自從老李的父親死後，老李很不喜歡再談到這些事，因為每次談起都讓他記憶中的痛又更深一些。老李說他大哥在父親昏睡病床時，不願清理父親的大小便，任由父親的糞便沾滿整個臀部也不管，甚至還滿溢出來。老李親眼看到後，那種心中的恨從此狠狠種下，永遠無法磨滅。

　　或許是上天也嫉妒曾先生，曾先生不幸生了一種怪病，連醫生也束手無策，只能告訴曾先生的家人這是一種絕症，好不了了。曾先生的家人當然是說：「無論如何都要救！絕不放棄！」但聽說每年的醫藥費就要幾百萬，而這是扣除健保的自付額，曾先生的家人對這個龐大的醫藥費都感到不可思議。

　　對於醫藥費的事，曾先生的家人一直不敢讓他知道，曾先生的三個兒子經過一番討論後也有了結論，他的大兒子說：「我是大兒子也是大孫，理當承擔照顧父親這件事！」由於曾先生的大兒子從事買賣業，手頭上有一些錢，最重要的是他願意照顧自己的父親，他也顧慮到兩個弟弟都是薪水族，醫藥費對他們恐怕有很大的困難，所以他就一個人承擔下來。

　　但是兩個弟弟也形成一種默契，母親由他們輪流照顧，曾先生將來的遺產也原則上由大哥處理，雖然嘴巴上沒有說出來，但他們就是這樣作。

　　很不幸地，曾先生只撐了幾年就過世了，經核算曾先生的遺產總額約為新台幣2,500萬元。因曾先生生前都是由大兒子照顧，他的配偶及另外兩個兒子都分居他處，曾先生的醫療費1,000多萬元多年來都由他的大兒子所支付，於是繼承人協議由曾先生的大兒子一人繼承所有遺產。

　　經曾先生的大兒子計算遺產總額，扣除已支付的醫療費用後，應該沒有遺產稅的問題，所以曾太太和另外兩個兒子都向法院拋棄繼承，但經大兒子申報遺產稅後，國稅局認為被繼承人生前所繳的醫療費用不可以扣除，繼承人必須繳納遺產稅，此事雖然引起繼承人的不平，但也並未造成兄弟間的不愉快。

　　老李聽了這個故事以後一直憤憤不平，他說曾先生的大兒子怎麼可能作得到？！老李記得他大哥也曾說過「我是大兒子也是大孫」這句話，但他大哥要分的是錢，是財產，是土地，而不是

父親啊！老李一直不願相信這件事，他還是說：「殺了我吧！世間絕不會存在這樣的故事！」說真的，我還是不怪他，或許老李一直這樣想，他的人生才不會有恨！

關鍵說明

一、遺產愈少遺產稅就愈少

遺產稅的節稅規劃是以降低被繼承人的遺產總額為主要原則，當被繼承人過世時，所遺留的財產愈少，所繳的遺產稅自然就少，相對地才能減少遺產稅的應納稅額。在本案例中，曾先生的大兒子就是沒有注意到這個原則，使原本不必繳納遺產稅的案件，因不諳稅法規定，導致必須多負擔遺產稅額。

二、被繼承人的未償債務在申報遺產稅時可扣除

在遺產及贈與稅法規定中並沒有被繼承人醫療費用的扣除項目，但如果被繼承人在死亡前，有未償還的債務，具有確實的證明，繼承人可以從遺產總額中扣除。因此，當被繼承人曾先生的醫療費用是在死亡後才支付時，繼承人就可以從其遺產總額中以未償債務方式扣除。不過，在本案例中，被繼承人曾先生的這些醫療費用是生前由繼承人所支付，所以就不可以視為被繼承人死亡前的未償債務，國稅局自然不會同意繼承人從被繼承人的遺產總額中扣除。

三、降低遺產總額是規劃遺產稅的重點

繼承人也許是基於孝道或是人情的因素，有關被繼承人生前的各項費用都由繼承人來支付，不過就遺產稅節稅的觀點來看並不適當。當被繼承人的遺產總額已大於免稅額及各項扣除額時，

繼承人應當儘可能降低被繼承人生前的財產價值，才能減輕未來的遺產稅。

四、繼承人拋棄繼承不能列報扣除

在本案例中，被繼承人的配偶及二個子女都拋棄繼承，因此就無法享受配偶扣除額553萬元及直系血親卑親屬扣除額112萬元。繼承人如果不選擇拋棄繼承，而以遺產分割協議的方式，協議遺產由繼承人一人繼承，在申報遺產稅時就可以享受配偶及直系血親卑親屬的扣除額。

法律筆記

◎ **遺產及贈與稅法第12條之1**

本法規定之下列各項金額，每遇消費者物價指數較上次調整之指數累計上漲達百分之十以上時，自次年起按上漲程度調整之。調整金額以萬元為單位，未達萬元者按千元數四捨五入：

一、免稅額。

二、課稅級距金額。

三、被繼承人日常生活必需之器具及用具、職業上之工具，不計入遺產總額之金額。

四、被繼承人之配偶、直系血親卑親屬、父母、兄弟姊妹、祖父母扣除額、喪葬費扣除額及身心障礙特別扣除額。

財政部於每年十二月底前，應依據前項規定，計算次年發生之繼承或贈與案件所應適用之各項金額後公告之。所稱消費者物價指數，指行政院主計總處公布，自前一年十一月起至該年十月底為止十二個月平均消費者物價指數。

◎ **遺產及贈與稅法第17條**（按物價指數調整後之金額請見附錄）

下列各款，應自遺產總額中扣除，免徵遺產稅：

一、被繼承人遺有配偶者，自遺產總額中扣除四百萬元。

二、繼承人為直系血親卑親屬者，每人得自遺產總額中扣除四十萬元。其有未成年者，並得按其年齡距屆滿成年之年數，每年加扣四十萬元。但親等近者拋棄繼承由次親等卑親屬繼承者，扣除之數額以拋棄繼承前原得扣除之數額為限。

三、被繼承人遺有父母者，每人得自遺產總額中扣除一百萬元。

四、前三款所定之人如為身心障礙者權益保障法規定之重度以上身心障礙者，或精神衛生法規定之嚴重病人，每人得再加扣五百萬元。

五、被繼承人遺有受其扶養之兄弟姊妹、祖父母者，每人得自遺產總額中扣除四十萬元；其兄弟姊妹中有未成年者，並得按其年齡距屆滿成年之年數，每年加扣四十萬元。

六、遺產中作農業使用之農業用地及其地上農作物，由繼承人或受遺贈人承受者，扣除其土地及地上農作物價值之全數。承受人自承受之日起五年內，未將該土地繼續作農業使用且未在有關機關所令期限內恢復作農業使用，或雖在有關機關所令期限內已恢復作農業使用而再有未作農業使用情事者，應追繳應納稅賦。但如因該承受人死亡、該承受土地被徵收或依法變更為非農業用地者，不在此限。

七、被繼承人死亡前六年至九年內，繼承之財產已納遺產稅者，按年遞減扣除百分之八十、百分之六十、百分之四十及百分之二十。

八、被繼承人死亡前，依法應納之各項稅捐、罰鍰及罰金。

九、被繼承人死亡前，未償之債務，具有確實之證明者。

十、被繼承人之喪葬費用，以一百萬元計算。

十一、執行遺囑及管理遺產之直接必要費用。

被繼承人如為經常居住中華民國境外之中華民國國民，或非中華民國國民者，不適用前項第一款至第七款之規定；前項第八款至第十一款規定之扣除，以在中華民國境內發生者為限；繼承人中拋棄繼承權者，不適用前項第一款至第五款規定之扣除。

◎ **民法第1174條**

繼承人得拋棄其繼承權。

前項拋棄，應於知悉其得繼承之時起三個月內，以書面向法院為之。

拋棄繼承後，應以書面通知因其拋棄而應為繼承之人。但不能通知者，不在此限。

案例19

遺產中的「既成巷道土地」要繳遺產稅嗎？

錯誤觀念

遺產中的私設道路或是既成巷道土地都不用繳納遺產稅。

正確觀念

被繼承人如有遺留私設道路、既成巷道或是產業道路土地，繼承人必須先確認土地的身分後才能判斷是否不需要課徵遺產稅。

生活小故事

我家旁邊巷子口三角窗的透天厝那戶原本姓洪，他的大女兒剛好和我的大女兒在幼稚園是同班同學，他女兒常常沒事就跑到我家來玩，但我和洪先生只是點頭之交，可能彼此不對盤，無法找到共同的話題，不過，我聽說洪先生喜歡賭博，並且賭得很兇，這可能是我不喜歡和他接觸的主要原因吧！

洪先生除了喜歡打麻將，聽說他的專業是比「粉鳥」，就是賽鴿啦！賭金一般都極大，至於洪先生賭多大我就不曉得了，不過某天有看到一部大吊車硬塞進我們這條巷子裡，把洪先生的新鴿舍吊上他家的三樓樓頂，我看到很少笑的洪先生從頭到尾都露出牙齒地看著他的新鴿舍緩緩吊起。

　　但才過了幾個月，卻看到洪先生家的鐵門上貼著出售的大紅紙，至於是不是因為比粉鳥而造成的，我就不知道了。我大姊原本叫我買下來，住在附近大家也有個照應，但洪先生開的價錢實在超出行情太多了，我連出價都懶得出，一年多以後才搬來姓呂的一家人。

　　這姓呂的一家人的故事就更多了，他們剛搬來不久就引起滿巷子的住家天怒人怨，最後還出動警方才勉強擺平，我只記得那一天巷子口擠滿了人，有看熱鬧的，有準備和姓呂的一家人吵架的，當然也有準備勸架的，鬧哄哄的好不熱鬧，真的比過年還熱鬧許多。

　　原來呂家買下洪先生這間三角窗的透天厝後，權狀的土地範圍是包括屋子右手邊6弄旁一半的道路用地，而呂老太太雖然上了年紀，走路也不是很方便，脾氣倒是非常兇悍，他們一搬來沒幾天就出現數量不少的大型盆栽放置在6弄裡，不僅趕走原停在該處的汽車，也造成6弄內住家的汽車無法出入。

　　住在6弄裡，以開計程車為業的老李脾氣也相當火爆，那一天老李衝著呂老太太說：「你們怎麼可以把路圍起來，這樣附近鄰居怎麼出入？」因為呂老太太年紀實在太大了，老李也只能緊握著拳頭，全身顫抖得不停，看樣子是氣極了。

　　「我放盆栽的地方是屬於我家的土地，有什麼不對嗎？」呂老太太怒視著老李根本毫無所懼，倒是老李束手無策，一點辦法都沒有。

　　「但這條巷子是屬於既成道路啊！我住在這裡都已經二十、三十年了……。」老李試著解釋給呂老太太聽，但她根本不理不睬。

　　雙方就這樣耗掉整個下午，這些盆栽卻都未被搬離，最後還是驚動警方出來調解，經過警方苦口婆心地勸說，那天晚上，巷

弄內才空出來讓鄰居的汽車可以出入。從此以後，附近的鄰居都不敢去招惹呂老太太，但是也沒有人願意和這一家人打招呼了。

這幾年，附近鄰居都冷眼看著姓呂的這一家人，呂老太太的確老了，開始坐著輪椅上醫院，她家裡也多了一個外勞專門照顧她，但呂老太太兇悍的眼神仍掃視著她的主權之地，卻也沒有人敢去招惹她。

有一天，呂家的鐵門上貼出一張「吉屋出售」的紅紙，呂家也先搬走讓仲介進駐賣屋。老李那天開心極了，還特地買了30公尺長的鞭炮，從巷子頭一路響到巷子尾，我不曉得是不是有人會擺桌請客，但看到鄰居竊竊私語的樣子，好像都在互道恭喜。

聽老李說，呂老太太可能時日已經不多了，不過先走的好像是她的先生老呂，老李還聽說老呂的遺產總額就有9,000萬元，其中有一筆土地是私設道路，其公告現值為3,500萬元，但地目卻是「建」，因繼承人不諳稅法規定，在申報遺產稅時仍將這筆土地列入遺產總額中報稅，呂家也因此多繳很多稅金，才急需把房子賣掉籌錢。

不過我敢確定的是，老呂那筆公告現值高達3,500萬元的土地絕對不是他們現在要賣掉的這棟房子旁邊那塊私設道路的土地，另外我還確定老李的計程車這幾天都故意停在呂家待售房子的大門口，似乎在宣洩一口怨氣，賣房子的仲介也不敢去得罪老李。

關鍵說明

一、既成巷道不一定可以免徵遺產稅

一般的私設道路、既成巷道或是產業道路，這些土地的地目不一定是「道」，也許是其他的地目，繼承人在申報遺產稅時，

如果遺產中有這類土地，可以向主管機關（通常為工務局）申請證明文件，在申報遺產稅時，列入不計入遺產總額中，免徵遺產稅。但如果是建造房屋所保留的法定空地，仍然必須計入遺產總額計課遺產稅。

二、既成巷道與公共設施保留地待遇不同

供公眾通行的私設巷道、既成巷道土地對所有權人而言，不能使用、收益，更不容易出售或抵押貸款，在稅法規定上也不能免徵贈與稅及抵繳稅款，只可以不計入遺產總額，免徵遺產稅。不過既成巷道土地如果是都市計畫法規定的公共設施保留地，地主不僅在政府徵收前可使用、收益，在移轉時還有免徵贈與稅、遺產稅及土地增值稅的優惠。一個是實際上的公共設施用地，而另一個則是未來將成為公共設施用地，但在節稅的待遇上卻有很大的差異，這點值得注意。

三、既成巷道若是公共設施保留地可申請抵繳遺產稅

遺產中的私設巷道或是既成道路土地，依照遺產及贈與稅法規定，繼承人可以列入「不計入遺產總額」中免徵遺產稅。但如果既成巷道土地是都市計畫法規定的公共設施保留地，繼承人如果符合遺產稅抵繳要件，可以考慮將這些公共設施保留地用來抵繳應納的遺產稅。

法律筆記

◎ 遺產及贈與稅法第12條之1
本法規定之下列各項金額，每遇消費者物價指數較上次調整之指數累計上漲達百分之十以上時，自次年起按上漲程度調整之。調整金額以萬元為單位，未達萬元者按千元數四捨五入：

一、免稅額。

二、課稅級距金額。

三、被繼承人日常生活必需之器具及用具、職業上之工具，不計入遺產總額之金額。

四、被繼承人之配偶、直系血親卑親屬、父母、兄弟姊妹、祖父母扣除額、喪葬費扣除額及身心障礙特別扣除額。

財政部於每年十二月底前，應依據前項規定，計算次年發生之繼承或贈與案件所應適用之各項金額後公告之。所稱消費者物價指數，指行政院主計總處公布，自前一年十一月起至該年十月底為止十二個月平均消費者物價指數。

◎ **遺產及贈與稅法第16條**（按物價指數調整後之金額請見附錄）

左列各款不計入遺產總額：

一、遺贈人、受遺贈人或繼承人捐贈各級政府及公立教育、文化、公益、慈善機關之財產。

二、遺贈人、受遺贈人或繼承人捐贈公有事業機構或全部公股之公營事業之財產。

三、遺贈人、受遺贈人或繼承人捐贈於被繼承人死亡時，已依法登記設立為財團法人組織且符合行政院規定標準之教育、文化、公益、慈善、宗教團體及祭祀公業之財產。

四、遺產中有關文化、歷史、美術之圖書、物品，經繼承人向主管稽徵機關聲明登記者。但繼承人將此項圖書、物品轉讓時，仍須自動申報補稅。

五、被繼承人自己創作之著作權、發明專利權及藝術品。

六、被繼承人日常生活必需之器具及用品，其總價值在七十二萬元以下部分。

七、被繼承人職業上之工具，其總價值在四十萬元以下部分。

八、依法禁止或限制採伐之森林。但解禁後仍須自動申報補稅。

九、約定於被繼承人死亡時，給付其所指定受益人之人壽保險金額、軍、公教人員、勞工或農民保險之保險金額及互助金。

十、被繼承人死亡前五年內，繼承之財產已納遺產稅者。

十一、被繼承人配偶及子女之原有財產或特有財產，經辦理登記或確有證明者。

十二、被繼承人遺產中經政府闢為公眾通行道路之土地或其他無償供公眾通行之道路土地，經主管機關證明者。但其屬建造房屋應保留之法定空地部分，仍應計入遺產總額。

十三、被繼承人之債權及其他請求權不能收取或行使確有證明者。

◎ **都市計畫法第50條之1**

公共設施保留地因依本法第四十九條第一項徵收取得之加成補償，免徵所得稅；因繼承或因配偶、直系血親間之贈與而移轉者，免徵遺產稅或贈與稅。

◎ **遺產及贈與稅法第30條**

遺產稅及贈與稅納稅義務人，應於稽徵機關送達核定納稅通知書之日起二個月內，繳清應納稅款；必要時，得於限期內申請稽徵機關核准延期二個月。

遺產稅或贈與稅應納稅額在三十萬元以上，納稅義務人確有困難，不能一次繳納現金時，得於納稅期限內，向該管稽徵機關申請，分十八期以內繳納，每期間隔以不超過二個月為限。

經申請分期繳納者，應自繳納期限屆滿之次日起，至納稅義務人繳納之日止，依郵政儲金一年期定期儲金固定利率，分別加計利息；利率有變動時，依變動後利率計算。

遺產稅或贈與稅應納稅額在三十萬元以上，納稅義務人確有困難，不能一次繳納現金時，得於納稅期限內，就現金不足繳納部

分申請以在中華民國境內之課徵標的物或納稅義務人所有易於變價及保管之實物一次抵繳。中華民國境內之課徵標的物屬不易變價或保管，或申請抵繳日之時價較死亡或贈與日之時價為低者，其得抵繳之稅額，以該項財產價值占全部課徵標的物價值比例計算之應納稅額為限。

本法中華民國九十八年一月十二日修正之條文施行前所發生未結之案件，適用修正後之前三項規定。但依修正前之規定有利於納稅義務人者，適用修正前之規定。

第四項抵繳財產價值之估定，由財政部定之。

第四項抵繳之財產為繼承人公同共有之遺產且該遺產為被繼承人單獨所有或持分共有者，得由繼承人過半數及其應繼分合計過半數之同意，或繼承人之應繼分合計逾三分之二之同意提出申請，不受民法第八百二十八條第三項限制。

◎ **遺產及贈與稅法施行細則第44條**

被繼承人遺產中依都市計畫法第五十條之一免徵遺產稅之公共設施保留地，納稅義務人得以該項財產申請抵繳遺產稅款。

依本法第七條第一項之規定，以受贈人為納稅義務人時，納稅義務人得以受贈財產中依都市計畫法第五十條之一免徵贈與稅之公共設施保留地申請抵繳贈與稅款。

前二項之公共設施保留地，除於劃設前已為被繼承人或贈與人所有，或於劃設後因繼承移轉予被繼承人或贈與人所有，且於劃設後至該次移轉前未曾以繼承以外原因移轉者外，得抵繳之遺產稅或贈與稅款，以依下列公式計算之金額為限：

$$\text{公共設施保留地得抵繳遺產稅或贈與稅之限額} = \text{依本法計算之應納遺產稅額或贈與稅額} \times \frac{\text{申請抵繳之公共設施保留地財產價值}}{\text{全部遺產總額或受贈財產總額}}$$

案例20

遺產中的高價名車也要申報遺產稅嗎？

錯誤觀念

被繼承人日常生活用品不用申報遺產稅。

正確觀念

被繼承人日常生活必需之器具及用品如果價值超過遺產及贈與稅法規定，就超過部分仍然必須列入遺產總額中計課遺產稅。

生活小故事

小李到台北讀書時認識了同鄉的小馮，後來兩人不知是如何成為朋友的，最後竟會租屋同住。小李認為應該是小馮先開口說要一起住，當時小李覺得無所謂，於是兩人就真的住在一起，不過小李一直無法讀懂小馮這個人。多年以後，小李才知道自己很後悔認識馮永青這個人。

小李總認為馮永青一直希望別人知道他家裡很有錢，但卻又怕別人知道，小李不曉得馮永青這是什麼心理。但小李不願知道也懶得知道，反正對小李而言，當時的馮永青就是一個朋友，朋友之間是不需要有其他多餘的聯想，但他還是把曾經是好朋友的「好」字拿掉，因為小李後來認為馮永青不是如此對他！

小李曾經受邀到過馮永青的家，是很一般的家庭！只是普通

的透天厝而已，家裡的擺設也絕對看不出家裡多有錢。馮永青告訴小李，他父親是某醫院的退休醫生，母親則是小學老師，父母親的家族都是世家，所以小李猜測馮家是屬於「田僑仔」那種家族，至少小李認為馮永青的氣質還頗像一個「田僑仔」。

馮永青給小李印象最深的，就是馮永青常與女孩子牽扯不清，尤其是朋友或同學的女朋友，小李知道的就有小吳、小陳的女朋友都和馮永青有一些牽扯，這也直接造成他們的分手。事實上，馮永青表現出來的並不是想奪人所愛，但卻對小吳和小陳的女朋友說他們的壞話，這一點就一直讓小李想不透。

小李認為馮永青是一個有色無膽的人，雖然有用下半身思考，但基本上他就是不敢！所以落得只敢說人壞話，後半段就不敢作了。

後來他大膽地作了一次後，就被他自己的拜把兄弟宣布絕交，那一次，馮永青嚇得躲到美國去拿他的綠卡。多年後馮永青從美國回來，他的朋友不再叫他「垃圾青仔」，而是很客氣地叫他「美國青仔」，但垃圾就是垃圾，這是他永遠改變不了的本質。

馮永青那一次躲到美國後，小李聽「垃圾青仔」的前拜把兄弟小蔡說，他和小馮是真的拿過香、磕過頭的拜把兄弟，那陣子小馮是天天到他家玩，小蔡一直覺得奇怪但也不以為意，自己兄弟常到家裡來玩很正常啊！

後來才知道小馮是想認識小蔡他老婆的一個閨中好友，由於男未婚女未嫁，小蔡認為很好啊！他也有主動撮合的意思，那時小蔡真的沒想到馮永青真的是一個無恥的大垃圾！把人家女孩子的肚子搞大了就拍拍屁股走人，自己一個人躲到美國去，你說叫他怎麼作人！後來還聽說這個女孩子自殺了兩次都沒有成功……。

多年後，馮永青從美國回來也主動找小李敘舊，那時小李仍當他是一個好朋友，但後來才發現，馮永青只是利用小李來認識他周遭的朋友，而馮永青認識這些朋友也只是想利用他們的關係來賺錢。

可悲的是這些朋友也為了錢背叛了小李，等到這些朋友知道馮永青的真面目後，卻又異口同聲地說，馮永青是小李的朋友，小李一直覺得很委屈，當然，馮永青不再是他的朋友了，或者正確地說，馮永青從來就沒有把小李當作朋友。

過了幾年，小李又聽到關於馮永青的兩個消息，第一個消息是馮永青的父親馮老先生過世了，小李又聽說馮老先生過世時遺有5,000萬元現金及一輛賓士高級轎車，繼承人馮永青申報遺產稅時，漏報這輛汽車，被國稅局查到，除須補徵遺產稅外並被處罰。

至於另外一個消息，小李認為是馮永青的現世報，聽說馮永青得了咽喉癌，不過暫時還死不了。小李說他真想知道馮永青現在會有什麼改變，對人生會不會因而有不一樣的想法，或者只是怕自己太早死去而已，或害怕那些遺產無法帶走！

這麼多年了，小李就從來沒有聽過「美國青仔」結婚生子的消息。

關鍵說明

一、高價名車要申報遺產稅

近年來由於經濟繁榮，民眾擁有車輛已經非常普遍，而每輛車在監理單位都有紀錄，繼承人如果有漏報被繼承人的高價名車，很容易被國稅局查到。依照遺產及贈與稅法規定，被繼承人生前擁有的車輛價值如果在100萬元以下，可認為是日常生活所

必需，在申報遺產稅時可列入不計入遺產總額中，免徵遺產稅。但被繼承人如果擁有高價名車，則屬於表彰其身分地位、奢侈豪華的物品，並不是日常生活必要的工具，應併入被繼承人的遺產總額中計課遺產稅。

二、中古車的價值怎麼估算

對於車輛價值的計算，依遺產及贈與稅法施行細則規定，有二種方式計算價值：

(一) 原始成本－折舊＝餘額（繼承人應提供購車發票憑證）。

(二) 如果繼承人未提出購車時之憑證，可依車款型式及年分，參考市面上二手車訊或網路所列之中古車行情，估列價值併入遺產課稅。

三、日常生活必需品在100萬元以下可不計入遺產總額

依照遺產及贈與稅法規定，被繼承人日常生活必需之器具及用品，其總價值在100萬元以下部分，可以不計入遺產總額，免徵遺產稅。因此，如果被繼承人生前擁有的日常生活必需品在100萬元以上時，只須將超過的部分列入遺產總額即可，不必全部併入遺產總額計課遺產稅。

法律筆記

◎ **遺產及贈與稅法第12條之1**

本法規定之下列各項金額，每遇消費者物價指數較上次調整之指數累計上漲達百分之十以上時，自次年起按上漲程度調整之。調整金額以萬元為單位，未達萬元者按千元數四捨五入：

一、免稅額。

二、課稅級距金額。

三、被繼承人日常生活必需之器具及用具、職業上之工具，不計入遺產總額之金額。

四、被繼承人之配偶、直系血親卑親屬、父母、兄弟姊妹、祖父母扣除額、喪葬費扣除額及身心障礙特別扣除額。

財政部於每年十二月底前，應依據前項規定，計算次年發生之繼承或贈與案件所應適用之各項金額後公告之。所稱消費者物價指數，指行政院主計總處公布，自前一年十一月起至該年十月底為止十二個月平均消費者物價指數。

◎**遺產及贈與稅法第16條**（按物價指數調整後之金額請見附錄）

左列各款不計入遺產總額：

一、遺贈人、受遺贈人或繼承人捐贈各級政府及公立教育、文化、公益、慈善機關之財產。

二、遺贈人、受遺贈人或繼承人捐贈公有事業機構或全部公股之公營事業之財產。

三、遺贈人、受遺贈人或繼承人捐贈於被繼承人死亡時，已依法登記設立為財團法人組織且符合行政院規定標準之教育、文化、公益、慈善、宗教團體及祭祀公業之財產。

四、遺產中有關文化、歷史、美術之圖書、物品，經繼承人向主管稽徵機關聲明登記者。但繼承人將此項圖書、物品轉讓時，仍須自動申報補稅。

五、被繼承人自己創作之著作權、發明專利權及藝術品。

六、被繼承人日常生活必需之器具及用品，其總價值在七十二萬元以下部分。

七、被繼承人職業上之工具，其總價值在四十萬元以下部分。

八、依法禁止或限制採伐之森林。但解禁後仍須自動申報補稅。

九、約定於被繼承人死亡時，給付其所指定受益人之人壽保險金
　　額、軍、公教人員、勞工或農民保險之保險金額及互助金。

十、被繼承人死亡前五年內，繼承之財產已納遺產稅者。

十一、被繼承人配偶及子女之原有財產或特有財產，經辦理登記
　　　或確有證明者。

十二、被繼承人遺產中經政府闢為公眾通行道路之土地或其他無
　　　償供公眾通行之道路土地，經主管機關證明者。但其屬建
　　　造房屋應保留之法定空地部分，仍應計入遺產總額。

十三、被繼承人之債權及其他請求權不能收取或行使確有證明
　　　者。

◎ **被繼承人日常生活必需之器具用品總價在80萬元以下部分不計**
　入遺產總額（財政部89年4月27日台財稅第0890025204號函）

被繼承人日常生活必需之器具及用品，其總價值在72萬元（編者
註：113年1月1日按物價指價調整為100萬元）以下部分，依遺產
及贈與稅法第16條第6款規定，不計入遺產總額，如其總價值在
72萬元以上，應以超過部分列入遺產總額。

◎ **遺產及贈與稅法施行細則第26條**

車輛、船舶、航空器之價值，以其原始成本減除合理折舊之餘額
為準，其不能提出原始成本之證明或提出原始成本之證明而與事
實顯不相符者，得按其年式及使用情形估定。

案例21

拋棄國籍可以少繳遺產稅嗎？

錯誤觀念

只要拋棄中華民國國籍，國外財產就不用課徵遺產稅。

正確觀念

拋棄中華民國國籍必須滿二年後，國外財產才不用課徵遺產稅。

生活小故事

董恆彰從桃園中正機場入境，離開台灣三十幾年了，當他在天空中看到台灣熟悉的土地時，心裡就掩不住興奮和激動。董恆彰一下飛機再次踏上台灣的土地後，他哭了，忍不住低下身子親吻腳下的土地，他不管別人訝異的眼光，他相信只要曾旅居國外一段時間的人都會跟他一樣激動地流下眼淚。

變了，台灣真是變太多了，變得董恆彰幾乎不認識了，但在他深沉的記憶和感情中，慢慢地喚起對台灣這塊土地的點點滴滴，董恆彰知道台灣已經有高速鐵路，回到故鄉高雄只要不到二個小時的時間，但他卻特意去台鐵搭區間車南下，為的是讓心裡的熱流慢慢地流遍全身，讓自己的眼淚一滴一滴緩緩溫熱地流下，讓鼻子舒暢地呼吸台灣土地上的空氣。

　　很難想像台灣是那麼陌生，卻又那麼熟悉，每一個人、事、物都讓董恆彰百看不厭，都想對他們展開笑容，都想用力地擁抱他們。太久了，真的離開台灣太久了，隨著火車的搖晃，董恆彰的思緒緩緩走入回憶之中。

　　「……查本校高二甲班學生董恆彰聚眾打架滋事……勒令退學。」董恆彰的父親接獲獨子退學的通知後，著實傷心難過了好幾天，但自己兒子特別叛逆的個性，董恆彰的父親相當瞭解，既然退學已成事實了，董恆彰的父親只得重新調整計畫中全家移民阿根廷的時程。

　　董恆彰被學校退學的那段日子的確很難熬，他也因而逃離家裡將近一年的時間。這段時間，董恆彰賭博、嗑藥、打架、與人同居樣樣都來，他幾乎迷失了自己，但在家人一再地苦求勸阻下，董恆彰終於乖乖回到家裡，甚至斬斷外面的一切和朋友，這期間幾乎哭瞎眼睛的母親扮演著董恆彰回家的最大力量。

　　董恆彰的父親原本就計畫全家移民阿根廷，只是時間可能是在董恆彰高中畢業，甚至大學畢業之後，但董恆彰的叛逆和那陣子所交往的朋友都讓董恆彰的父親只能加快腳步。經過幾次懇談後，董恆彰接受父親的勸說，決定一起移民國外。

　　董恆彰雖然個性極為叛逆，但他答應父親後，就完全和外面斷絕關係，專心上補習班學習必要的西班牙語，也有計畫地一步步準備全家移民阿根廷的工作，他也很甘願暫時跟著父親學習修理水電，而未來移民後，他和父親是計畫開一家或多家大型超級市場，董恆彰知道自己已經搞砸了一次，這一次他絕不願意再讓家人傷心。

　　董恆彰是一個有魄力的人，他說到就絕對會作到，況且他非常明白自己已經沒有很多機會了。這期間，董恆彰也認識了一個喜歡的女子阿蓮，他知道自己離出國的時間已不到一年，董恆彰

就用三個月的時間追上阿蓮，再用三個月把她娶回家，好像董恆彰設定的目標都一定會達成，這就是他的個性。

董恆彰曾自我期許，在40歲以前能存上新台幣4,000萬元，移民阿根廷三十幾年了，現在他早已過了這個歲數很久了，也累積了新台幣數十億的財產，他很感謝父親對他的苦心，如果沒有父親，董恆彰知道自己的人生不會過得如此精彩。

隨著火車的搖晃，董恆彰看到中油的燃燒塔後，他知道他的故鄉高雄到了，他愣愣地看著燃燒塔，彷彿高高的燃燒塔也能溫暖他離鄉的愁緒，這次他回來計畫先住個一年半載，除了拜訪老朋友及到處走走看看，另外就是處理他名下的多筆不動產。

董恆彰知道自己年事已高，在國內外擁有數十億元的財產，深怕一旦過世後，繼承人要繳納大筆的遺產稅，董恆彰聽朋友說，如果不具有中華民國國籍，在國外的財產就不用繳遺產稅，於是董恆彰出售其名下的不動產，共繳納1億多元的稅金，拋棄中華民國國籍，將財產移往國外。

董恆彰一直在想，如果三十幾年前沒有移民國外，今天的自己不曉得會是怎樣的一個人？過著怎樣的生活？但他知道人生無法重來，命運總是無法預知，但目前董恆彰能預知的是，在他的有生之年，每年他都要再回來一次。

關鍵說明

一、拋棄國籍後二年內仍須以中華民國國民規定報稅

為防止藉「喪失國籍」逃避遺產稅或贈與稅的漏洞，在遺產及贈與稅法條文中明定自願喪失中華民國國籍者，在二年內仍應適用中華民國國民之規定課徵遺產稅及贈與稅，使過去一直為人垢病的國籍避稅問題，多了一道防線，減少一項逃漏遺產稅及贈

與稅的漏洞。

二、土地增值稅最高稅率為40%

　　依照土地稅法規定，土地增值稅的稅率是依據土地漲價總數額的20%、30%或40%去計算課徵，而遺產稅的稅率則是依照遺產淨額的10%、15%、20%計算。董恆彰生前出售國內的不動產，必須繳納土地增值稅及所得稅，雖然二年一過，董恆彰國外的遺產就不必課徵遺產稅，但萬一不幸，董恆彰在二年內過世，就並不一定划算。所以，對長期擁有土地的所有權人而言，利用喪失國籍的方式避稅並不一定有利。

三、繼承土地不用繳納土地增值稅

　　依土地稅法規定，因繼承而移轉的土地，免徵土地增值稅。也就是說，董恆彰一旦過世，繼承人只要繳納遺產稅，土地增值稅不用再繳即可由繼承人繼承，而且繼承的土地再次移轉時，其前次移轉現值自被繼承人死亡日當期的公告現值起算，對長期擁有土地的人來說，以繼承方式移轉給繼承人非常划得來。

四、財產移往國外要考慮國外的稅率及風險

　　把國內的財產移往國外前，最好先考慮所在地國的稅賦情況，萬一所在地國的稅賦比國內還要高，將財產移往國外反而不利。另外值得一提的是，財產留在國外，風險如何？

五、非中華民國國民不能享受部分扣除額

　　被繼承人一旦不具有中華民國國民的身分，其繼承人在申報遺產稅時，就不可以享受配偶扣除額、直系血親卑親屬扣除額、父母扣除額、身心障礙特別扣除額、兄弟姊妹及祖父母扣除額、農業用地扣除額及快速繼承扣除額等，這點也值得考慮。

法律筆記

◎ **遺產及贈與稅法第1條**

凡經常居住中華民國境內之中華民國國民死亡時遺有財產者，應就其在中華民國境內境外全部遺產，依本法規定，課徵遺產稅。

經常居住中華民國境外之中華民國國民，及非中華民國國民，死亡時在中華民國境內遺有財產者，應就其在中華民國境內之遺產，依本法規定，課徵遺產稅。

◎ **遺產及贈與稅法第3條之1**

死亡事實或贈與行為發生前二年內，被繼承人或贈與人自願喪失中華民國國籍者，仍應依本法關於中華民國國民之規定，課徵遺產稅或贈與稅。

◎ **遺產及贈與稅法第4條**

本法稱財產，指動產、不動產及其他一切有財產價值之權利。

本法稱贈與，指財產所有人以自己之財產無償給予他人，經他人允受而生效力之行為。

本法稱經常居住中華民國境內，係指被繼承人或贈與人有左列情形之一：

一、死亡事實或贈與行為發生前二年內，在中華民國境內有住所者。

二、在中華民國境內無住所而有居所，且在死亡事實或贈與行為發生前二年內，在中華民國境內居留時間合計逾三百六十五天者。但受中華民國政府聘請從事工作，在中華民國境內有特定居留期限者，不在此限。

本法稱經常居住中華民國境外，係指不合前項經常居住中華民國境內規定者而言。

本法稱農業用地，適用農業發展條例之規定。

◎ **遺產及贈與稅法第12條之1**

本法規定之下列各項金額，每遇消費者物價指數較上次調整之指數累計上漲達百分之十以上時，自次年起按上漲程度調整之。調整金額以萬元為單位，未達萬元者按千元數四捨五入：

一、免稅額。

二、課稅級距金額。

三、被繼承人日常生活必需之器具及用具、職業上之工具，不計入遺產總額之金額。

四、被繼承人之配偶、直系血親卑親屬、父母、兄弟姊妹、祖父母扣除額、喪葬費扣除額及身心障礙特別扣除額。

財政部於每年十二月底前，應依據前項規定，計算次年發生之繼承或贈與案件所應適用之各項金額後公告之。所稱消費者物價指數，指行政院主計總處公布，自前一年十一月起至該年十月底為止十二個月平均消費者物價指數。

◎ **遺產及贈與稅法第13條**

遺產稅按被繼承人死亡時，依本法規定計算之遺產總額，減除第十七條、第十七條之一規定之各項扣除額及第十八條規定之免稅額後之課稅遺產淨額，依下列稅率課徵之：

一、五千萬元以下者，課徵百分之十。

二、超過五千萬元至一億元者，課徵五百萬元，加超過五千萬元部分之百分之十五。

三、超過一億元者，課徵一千二百五十萬元，加超過一億元部分之百分之二十。

◎ **遺產及贈與稅法第17條**（按物價指數調整後之金額請見附錄）

下列各款，應自遺產總額中扣除，免徵遺產稅：

一、被繼承人遺有配偶者，自遺產總額中扣除四百萬元。

二、繼承人爲直系血親卑親屬者，每人得自遺產總額中扣除四十萬元。其有未成年者，並得按其年齡距屆滿成年之年數，每年加扣四十萬元。但親等近者拋棄繼承由次親等卑親屬繼承者，扣除之數額以拋棄繼承前原得扣除之數額爲限。

三、被繼承人遺有父母者，每人得自遺產總額中扣除一百萬元。

四、前三款所定之人如爲身心障礙者權益保障法規定之重度以上身心障礙者，或精神衛生法規定之嚴重病人，每人得再加扣五百萬元。

五、被繼承人遺有受其扶養之兄弟姊妹、祖父母者，每人得自遺產總額中扣除四十萬元；其兄弟姊妹中有未成年者，並得按其年齡距屆滿成年之年數，每年加扣四十萬元。

六、遺產中作農業使用之農業用地及其地上農作物，由繼承人或受遺贈人承受者，扣除其土地及地上農作物價值之全數。承受人自承受之日起五年內，未將該土地繼續作農業使用且未在有關機關所令期限內恢復作農業使用，或雖在有關機關所令期限內已恢復作農業使用而再有未作農業使用情事者，應追繳應納稅賦。但如因該承受人死亡、該承受土地被徵收或依法變更爲非農業用地者，不在此限。

七、被繼承人死亡前六年至九年內，繼承之財產已納遺產稅者，按年遞減扣除百分之八十、百分之六十、百分之四十及百分之二十。

八、被繼承人死亡前，依法應納之各項稅捐、罰鍰及罰金。

九、被繼承人死亡前，未償之債務，具有確實之證明者。

十、被繼承人之喪葬費用，以一百萬元計算。

十一、執行遺囑及管理遺產之直接必要費用。

被繼承人如爲經常居住中華民國境外之中華民國國民，或非中華民國國民者，不適用前項第一款至第七款之規定；前項第八款至

第十一款規定之扣除，以在中華民國境內發生者為限；繼承人中
拋棄繼承權者，不適用前項第一款至第五款規定之扣除。

◎土地稅法第28條

已規定地價之土地，於土地所有權移轉時，應按其土地漲價總數
額徵收土地增值稅。但因繼承而移轉之土地，各級政府出售或依
法贈與之公有土地，及受贈之私有土地，免徵土地增值稅。

◎ **土地稅法第31條**

土地漲價總數額之計算，應自該土地所有權移轉或設定典權時，
經核定之申報移轉現值中減除下列各款後之餘額，為漲價總數
額：

一、規定地價後，未經過移轉之土地，其原規定地價。規定地價
　　後，曾經移轉之土地，其前次移轉現值。

二、土地所有權人為改良土地已支付之全部費用，包括已繳納之
　　工程受益費、土地重劃費用及因土地使用變更而無償捐贈一
　　定比率土地作為公共設施用地者，其捐贈時捐贈土地之公告
　　現值總額。

前項第一款所稱之原規定地價，依平均地權條例之規定；所稱前
次移轉時核計土地增值稅之現值，於因繼承取得之土地再行移轉
者，係指繼承開始時該土地之公告現值。但繼承前依第三十條之
一第三款規定領回區段徵收抵價地之地價，高於繼承開始時該土
地之公告現值者，應從高認定。

土地所有權人辦理土地移轉繳納土地增值稅時，在其持有土地期
間內，因重新規定地價增繳之地價稅，就其移轉土地部分，准予
抵繳其應納之土地增值稅。但准予抵繳之總額，以不超過土地移
轉時應繳增值稅總額百分之五為限。

前項增繳之地價稅抵繳辦法，由行政院定之。

◎ 土地稅法第33條

土地增值稅之稅率，依下列規定：

一、土地漲價總數額超過原規定地價或前次移轉時核計土地增值
　　稅之現值數額未達百分之一百者，就其漲價總數額徵收增值
　　稅百分之二十。

二、土地漲價總數額超過原規定地價或前次移轉時核計土地增值
　　稅之現值數額在百分之一百以上未達百分之二百者，除按前
　　款規定辦理外，其超過部分徵收增值稅百分之三十。

三、土地漲價總數額超過原規定地價或前次移轉時核計土地增值
　　稅之現值數額在百分之二百以上者，除按前二款規定分別辦
　　理外，其超過部分徵收增值稅百分之四十。

因修正前項稅率造成直轄市政府及縣（市）政府稅收之實質損
失，於財政收支劃分法修正擴大中央統籌分配稅款規模之規定施
行前，由中央政府補足之，並不受預算法第二十三條有關公債收
入不得充經常支出之用之限制。

前項實質損失之計算，由中央主管機關與直轄市政府及縣（市）
政府協商之。

公告土地現值應調整至一般正常交易價格。

全國平均之公告土地現值調整達一般正常交易價格百分之九十以
上時，第一項稅率應檢討修正。

持有土地年限超過二十年以上者，就其土地增值稅超過第一項最
低稅率部分減徵百分之二十。

持有土地年限超過三十年以上者，就其土地增值稅超過第一項最
低稅率部分減徵百分之三十。

持有土地年限超過四十年以上者，就其土地增值稅超過第一項最
低稅率部分減徵百分之四十。

案例22

短期票券提前解約被查到要補稅處罰

錯誤觀念

短期票券的利息因不併入綜合所得稅申報，所以遺產中的短期票券沒有申報遺產稅，國稅局也查不到。

正確觀念

遺產中採分離課稅的短期票券依法仍須申報遺產稅。

生活小故事

丁小華讀小學三年級的時候，他的親生媽媽因意外過世，丁小華的父親丁大偉因忙於工作無法親自照顧小華，於是託親戚或交由托兒班照顧，所以小華成長的過程中既失去了母愛，他想看到父親的機會也不是很多，小華的性格發展也難免會與其他小朋友有很大的差異。

丁大偉當然也知道小華的情形，但是他也很無奈，一個大男人要工作賺錢又要帶小孩，丁大偉承認自己根本沒辦法兩樣都兼顧，他也一直想續弦，讓小華有人照顧，他工作回來後也可以看到小華，偶爾有空的時候和小華說說話也很好啊！但目前一方面忙於工作，另一方面也始終找不到恰當的對象。

「丁小華的學習能力一直不好，功課也都跟不上其他同學，

最重要的是丁小華似乎有過動兒的情形，和其他同學常發生爭執，跟其他小朋友也沒有辦法相處……。」丁小華學校的班導師就是這樣告訴他的父親丁大偉，說實在的，丁大偉也不曉得怎麼辦，爲了小華的事他也常苦惱嘆氣。

丁大偉雖然想續弦，但又害怕再娶進來的老婆對小華不好，那家庭的問題就更複雜了，可是不試試看怎麼會知道如何呢？丁大偉認識現在的女朋友愛玲後就一直考慮再娶的問題，但兩人同居近二年後，丁大偉仍鼓不起勇氣結婚，丁大偉後來也真慶幸自己沒有和愛玲結婚。

丁大偉有一次有事外出，小華就交由愛玲照顧，丁大偉回家後，當場撞見愛玲拿著塑膠管像瘋子一樣地毒打小華，丁大偉當場要愛玲離開這個家，丁大偉知道小華不僅是過動，也有自閉的情形，愛玲無法和小華相處也不能完全怪愛玲，但不管怎麼樣，打小華這件事他是絕對不允許的。

由於丁小華國小的功課就不好了，上了國中更是跟不上，所以逃學變成是家常便飯，打架鬧事更是常常發生，但丁大偉認爲自己的孩子並不壞，只是個性上有些自閉，比較不能和同學相處罷了，打架是因爲受到同學的欺負，丁大偉幫小華轉了一次學後，他告訴小華只要能畢業就好，心裡也不對小華再有任何的期望了。

丁大偉心裡只希望小華不要變壞就好，他也拚命多賺一些錢將來留給小華，至少這樣也勉強對得起小華死去的媽，後來小華因爲迷上電腦遊戲，整天都待在家裡上網，小華也真的沒有變壞，至少這一點讓丁大偉還算有點安慰。

日子就這樣一天過一天，也過得很平靜，小華成爲一個遊戲玩家也有十幾年的時間了，丁大偉也老了，住院的次數也漸漸多了起來，最後一次住院後，醫生正式告訴丁小華，他的父親丁大

偉的病情可能不樂觀了。

　　丁小華只得在父親的默許下，在父親過世前為規避遺產稅，將父親名下的短期票券提前解約，所得款項全部轉存在自己的銀行帳戶中。後來還是被國稅局查到，不僅被補徵4,000萬元遺產稅，並被處以罰鍰。

　　丁小華又進入他的電腦遊戲王國裡，電腦遊戲中每個都是他熟悉的朋友，即使是他遊戲中的敵人，丁小華對他們的武器配備都如數家珍，他根本不去管什麼遺產稅的事情，他也不想去繳納，因為在這裡，他是最強的，他就是王……。

關鍵說明

一、短期票券包括哪些

　　短期票券在所得稅法的規定中包括下列各項：

(一) 期限在一年期以內之國庫券。

(二) 可轉讓銀行定期存單。

(三) 公司與公營事業機構發行之本票或匯票。

(四) 其他經目的事業主管機關核准之短期債務憑證。

二、死亡前移轉短期票券被補稅處罰

　　短期票券到期兌償金額超過首次發行價格部分為利息所得，除應依法扣繳稅款之外，不併計綜合所得總額。另外，短期票券的利息所得由發售銀行在定期存單到期兌償時扣繳稅款。丁小華就是利用這個漏洞，將其父親名下還未到期的短期票券直接轉到自己的帳戶中，但還是被國稅局查到，不但要補稅還要被處罰。

三、短期票券在財稅資料中心查得到

　　國稅局為了維護租稅公平，遏止逃漏稅捐，不斷利用財政部財稅資料中心的資料進行篩選及比對的工作，繼承人為要節稅若不循合法管道規劃，一旦被國稅局查到，不僅要被補徵遺產稅，最少還會有2倍以下的罰鍰，得不償失。

法律筆記

◎ **遺產及贈與稅法第4條**

本法稱財產，指動產、不動產及其他一切有財產價值之權利。

本法稱贈與，指財產所有人以自己之財產無償給予他人，經他人允受而生效力之行為。

本法稱經常居住中華民國境內，係指被繼承人或贈與人有左列情形之一：

一、死亡事實或贈與行為發生前二年內，在中華民國境內有住所者。

二、在中華民國境內無住所而有居所，且在死亡事實或贈與行為發生前二年內，在中華民國境內居留時間合計逾三百六十五天者。但受中華民國政府聘請從事工作，在中華民國境內有特定居留期限者，不在此限。

本法稱經常居住中華民國境外，係指不合前項經常居住中華民國境內規定者而言。

本法稱農業用地，適用農業發展條例之規定。

◎ **遺產及贈與稅法第15條**

被繼承人死亡前二年內贈與下列個人之財產，應於被繼承人死亡時，視為被繼承人之遺產，併入其遺產總額，依本法規定徵稅：

一、被繼承人之配偶。

二、被繼承人依民法第一千一百三十八條及第一千一百四
　　十條規定之各順序繼承人。

三、前款各順序繼承人之配偶。

八十七年六月二十六日以後至前項修正公布生效前發生之繼承案
件，適用前項之規定。

◎ **所得稅法第14條第1項第4類**

利息所得：凡公債、公司債、金融債券、各種短期票券、存款及
其他貸出款項利息之所得：

一、公債包括各級政府發行之債票、庫券、證券及憑券。

二、有獎儲蓄之中獎獎金，超過儲蓄額部分，視為存款利息所
　　得。

三、短期票券指期限在一年期以內之國庫券、可轉讓銀行定期存
　　單、公司與公營事業機構發行之本票或匯票及其他經目的事
　　業主管機關核准之短期債務憑證。

短期票券到期兌償金額超過首次發售價格部分為利息所得，除依
第八十八條規定扣繳稅款外，不併計綜合所得總額。

◎ **遺產及贈與稅法第45條**

納稅義務人對依本法規定，應申報之遺產或贈與財產，已依本法
規定申報而有漏報或短報情事者，應按所漏稅額處以二倍以下之
罰鍰。

第2篇

財產贈與的故事

案例1

生前移轉財產給老婆要併課遺產稅

錯誤觀念

在被繼承人快過世時儘快移轉財產給配偶，可以少繳遺產稅。

正確觀念

過世前二年內贈與財產給遺產及贈稅法規定的特定親屬，依法要併課遺產稅。

生活小故事

「怎麼可能！天啊！我先生才過世不久，怎麼這麼快就收到國稅局遺產稅繳稅通知，還加罰1倍的罰款……」58歲的林陳錦繡顫抖的手抓著剛收到的掛號信癱坐在椅子上，想著唯一的獨子仍遠在國外，身邊連一個商量的人都沒有，林陳錦繡再次悲從中來，放聲嚎啕大哭。

恍惚中，林陳錦繡想起了過世不久的先生，她跟先生辛苦了大半輩子，從年輕時候打零工起、到建築工地當雜工、後來與朋友合夥建築板模工程被倒債……幾度從失敗的困境中爬起來又倒下去，二十餘年前，在最困苦的時候向娘家借錢頂下菜市場的攤位賣菜，多年來省吃節用才在菜市場附近買了房子，也積累了不

少的存款，並送唯一的獨子出國讀書。

　　林陳錦繡這個歲數的人，大部分都是以夫為天，房子及存款等都登記在丈夫名下，她也不以為意，但半年多以前，她的丈夫在一次暈倒後發現身患重病，醫生告訴她先生狀況並不樂觀，夫婦倆幾經商量後，緊急把他所有的財產轉到林陳錦繡的名下，以為這樣就可以省下一筆遺產稅……沒想到事情卻非如此。

關鍵說明

一、死亡前二年內贈與財產給配偶要併入遺產課稅

　　被繼承人如果在死亡前二年內贈與財產給配偶，因遺產及贈與稅法規定，配偶相互贈與的財產可以免徵贈與稅，但如果符合遺產及贈與稅法「視為遺產之贈與」的情形時，仍然必須列入被繼承人遺產總額中計課遺產稅，否則會被國稅局依漏報遺產稅規定補稅處罰。本案例中，林陳錦繡就是漏報配偶死亡前二年內所贈與的財產，才會被國稅局補稅處罰。

二、已繳的贈與稅及土地增值稅可扣抵遺產稅

　　依遺產及贈與稅法規定，繼承人將被繼承人死亡前二年內贈與的財產以死亡時的時價併入遺產總額內課徵遺產稅時，可將以前繳納的贈與稅及土地增值稅加計利息，從應納的遺產稅額內扣抵。但扣抵額不可以超過贈與財產併計遺產總額後增加的應納稅額。

三、申報前應注意視為遺產之贈與財產

　　遺產及贈與稅法中「視為遺產之贈與」是一項很特殊的規定，有不少繼承人不知道有這項規定因而漏報受罰。所以繼承人

在申報遺產稅前,最好先查清楚,被繼承人在死亡前二年內是否有贈與行為,如果符合遺產及贈與稅法視為遺產之贈與情形時,應將贈與的財產,依死亡時的價格併入被繼承人遺產總額中計課遺產稅,以免被國稅局補稅處罰,那就冤枉了。

四、遺產及早規劃稅少煩惱

由於林先生的遺產是在死前二年內移轉給他的妻子林陳錦繡,所以依規定仍須併入林先生的遺產總額中課徵遺產稅。這些未申報或漏報的財產,在林先生活著的時候,如有依規定申報,林陳錦繡老太太就不會遭到國稅局罰款了。整個故事的關鍵點就在林先生死亡前二年內的贈與,常會因家人過度悲傷或疏忽,更可能因根本不瞭解相關稅法的規定,最後遭到國稅局處以補稅和處罰。提醒一點,像林先生的財產都登記在其名下,造成夫妻間的財產差距過大,如果林先生在生前能早個幾年規劃,就能達到節稅的目的,類似林陳錦繡的事件也不會發生了。

法律筆記

◎ **遺產及贈與稅法第11條第2項**

被繼承人死亡前二年內贈與之財產,依第十五條之規定併入遺產課徵遺產稅者,應將已納之贈與稅與土地增值稅連同按郵政儲金匯業局一年期定期存款利率計算之利息,自應納遺產稅額內扣抵。但扣抵額不得超過贈與財產併計遺產總額後增加之應納稅額。

◎ **遺產及贈與稅法第15條**

被繼承人死亡前二年內贈與下列個人之財產,應於被繼承人死亡時,視為被繼承人之遺產,併入其遺產總額,依本法規定徵稅:

一、被繼承人之配偶。

二、被繼承人依民法第一千一百三十八條及第一千一百四十條規定之各順序繼承人。

三、前款各順序繼承人之配偶。

八十七年六月二十六日以後至前項修正公布生效前發生之繼承案件，適用前項之規定。

◎ **稅務違章案件減免處罰標準第13條**

依遺產及贈與稅法第四十四條規定應處罰鍰案件，有下列情事之一者，免予處罰：

一、未依限辦理遺產稅申報，經核定應納稅額在新臺幣六萬元以下。

二、未依限辦理贈與稅申報，經核定應納稅額在新臺幣一萬元以下。

三、未申報財產屬應併入遺產總額課徵遺產稅之被繼承人死亡前贈與之財產，該財產於贈與稅申報期限內已申報或被繼承人死亡前已申報或核課贈與稅。

四、未申報財產屬應併入遺產總額課徵遺產稅之被繼承人死亡前以贈與論之贈與財產，繼承人已依稽徵機關通知期限補報贈與稅或提出說明。

五、逾期自動補報而有短報、漏報財產，其短報、漏報情事符合第十四條各款規定之一。

六、未申報財產屬應併入遺產總額課徵遺產稅之配偶相互贈與財產，於被繼承人死亡前，已向稽徵機關申請或經核發不計入贈與總額證明書。

七、未申報財產屬被繼承人配偶於中華民國七十四年六月四日以前取得且應併入遺產總額課徵遺產稅之財產。

八、未申報財產屬被繼承人或贈與人於中華民國八十九年一月

二十七日以前，因土地法第三十條之限制，而以能自耕之他人名義登記之農地，於中華民國八十九年一月二十八日以後，該項請求他人移轉登記之權利爲遺產標的或贈與民法第一千一百三十八條規定之繼承人，且繼承或贈與時該農地仍作農業使用。

◎ **稅務違章案件減免處罰標準第14條**

依遺產及贈與稅法第四十五條規定應處罰鍰案件，有下列情事之一者，免予處罰：

一、短漏報遺產稅額在新臺幣六萬元以下或短漏報遺產淨額在新臺幣六十萬元以下。

二、短漏報贈與稅額在新臺幣一萬元以下或短漏報贈與財產淨額在新臺幣十萬元以下。

三、短漏報財產屬同一年內以前各次所贈與應合併申報贈與稅之財產，該財產業已申報或核課贈與稅。

四、短漏報財產屬應併入遺產總額課徵遺產稅之被繼承人死亡前贈與之財產，該財產於贈與稅申報期限內已申報或被繼承人死亡前已申報或核課贈與稅。

五、短漏報財產屬應併入遺產總額課徵遺產稅之被繼承人死亡前以贈與論之贈與財產，繼承人已依稽徵機關通知期限補報贈與稅或提出說明。

六、短漏報財產屬應併入遺產總額課徵遺產稅之配偶相互贈與財產，於被繼承人死亡前，已向稽徵機關申請或經核發不計入贈與總額證明書。

七、短漏報財產屬被繼承人配偶於中華民國七十四年六月四日以前取得且應併入遺產總額課徵遺產稅之財產。

八、短漏報財產屬被繼承人或贈與人於中華民國八十九年一月二十七日以前，因土地法第三十條之限制，而以能自耕之他

人名義登記之農地，於中華民國八十九年一月二十八日以後，該項請求他人移轉登記之權利為遺產標的或贈與民法第一千一百三十八條規定之繼承人，且繼承或贈與時該農地仍作農業使用。

◎ **遺產及贈與稅法第44條**

納稅義務人違反第二十三條或第二十四條規定，未依限辦理遺產稅或贈與稅申報者，按核定應納稅額加處二倍以下之罰鍰。

◎ **遺產及贈與稅法第45條**

納稅義務人對依本法規定，應申報之遺產或贈與財產，已依本法規定申報而有漏報或短報情事者，應按所漏稅額處以二倍以下之罰鍰。

◎ **遺產及贈與稅法第46條**

納稅義務人有故意以詐欺或其他不正當方法，逃漏遺產稅或贈與稅者，除依繼承或贈與發生年度稅率重行核計補徵外，並應處以所漏稅額一倍至三倍之罰鍰。

◎ **遺產及贈與稅法施行細則第13條**

被繼承人死亡前因重病無法處理事務期間舉債、出售財產或提領存款，而其繼承人對該項借款、價金或存款不能證明其用途者，該項借款、價金或存款，仍應列入遺產課稅。

案例2

親屬間買賣財產：小心贈與稅

錯誤觀念

　　二親等親屬間財產的買賣只要雙方有付款證明就不用繳納贈與稅。

正確觀念

　　二親等親屬間的財產買賣要省下贈與稅，必須買方有確實的資金來源及支付價款證明才可以免徵贈與稅。

生活小故事

　　「#%&＊※！？你不是跟我說用買賣的方式，將房子過戶給阿寶就可以不用繳贈與稅的嗎？」「啊！我怎麼會知道事情會變成這樣，我也是聽朋友講的啊！他只告訴我可以用『作買賣』的方式將房子過戶給阿寶，我哪知道還有那麼多的細節要注意……」這時只聽到筷子掉落地上的聲音，卻像秋天的落葉，聞到陣陣肅殺的味道……。

　　一向脾氣火爆有如大姊頭的張吳月裡，氣得幾乎想將手中的飯碗砸向小弟吳水洞，瘦小的吳水洞已經把頭低到貼住胸口了仍止不住全身顫抖，根本不敢彎腰撿起筷子，深怕一移動就引起張吳月裡的暴怒，更別想好好地吃一頓飯了，「咕……咕……」

「咕……咕……」吳水洞用右手撫摸著肚子……「哭天！麥吵啦！」

也難怪張吳月裡不高興，吳水洞想到大姊在不到30歲時就離婚了，獨力撫養阿寶長大，幾年前好不容易將房子的貸款付清，手邊的現金已經不多了，現在還要張羅這為數不小的贈與稅，吳水洞除了自責以外，也毫無辦法。

吳水洞回憶半年前，張吳月裡說想將房子早一點過戶給阿寶，他也義不容辭地代為奔波，經商討後，張吳月裡將自己名下的房子以買賣的名義賣給阿寶，雙方約定買賣總價為新台幣800萬元，吳水洞代向國稅局表示阿寶已經付清價金，並提出買賣雙方的存摺及付款的銀行單據影本來證明。

但後來經國稅局查核，張吳月裡的兒子阿寶平常的存款並不多，其存摺內的800萬元都是前不久才分批匯入其銀行帳戶，後再經國稅局調查發現，阿寶的資金都是出自張吳月裡的安排，所以雙方表面上雖是買賣關係，但國稅局認定，實際上這是一種贈與行為，也因此國稅局對張吳月裡發單課徵贈與稅。

關鍵說明

一、向國稅局主張財產「買賣」要提證明

二親等以內親屬間財產的買賣必須向國稅局申報贈與稅，國稅局在審核時有二個重點：

(一) 買受人的資金怎麼來的？

(二) 買賣雙方有沒有支付價款證明？

很多人以為二親等以內親屬間財產的買賣，如果向國稅局主張是「買賣」關係，提出支付價款的證明，就可以免掉贈與稅，但卻疏忽了買受人的資金要有妥善的規劃，否則不容易被國稅局

認定是買賣行為。本案例就是買受人的資金來源被國稅局查到是由出賣人所預為安排,雖然買賣雙方提出了支付價款的證明,但還是被課徵贈與稅。因此,對於二親等以內親屬間財產的買賣,要免除贈與稅,買受人的資金來源是關鍵所在。

二、資金來源怎麼舉證

國稅局在審核買受人的資金來源一向都非常謹慎,買受人如果提出的資金是向出賣人所借來的或是出賣人用不動產向金融機構所貸款來的,都會被國稅局課徵贈與稅。一般二親等以內親屬間的財產買賣案件,買受人在舉證資金來源的正確方式,大致上可分為下列四種:

(一) 向國稅局主張是勞力所得

買受人必須提出綜合所得稅的納稅證明、扣繳憑單影本、存摺影本等供國稅局審核。

(二) 向國稅局主張是繼承取得

買受人主張資金是繼承來的,要檢附遺產稅免稅證明書或繳清證明書。如果買受人繼承的財產是經過變現以後,才作為支付價款的來源,有關變現過程的相關資料,也要一併提供給國稅局審核。

(三) 向國稅局主張是受贈取得

買受人主張資金是受贈來的,要檢附贈與稅免稅證明書或贈與稅繳清證明書。如果買受人受贈的財產有轉出或變現運用的情形,有關的資金流程同樣也要一併提出給國稅局審核。

(四) 其他所得

如買受人原有財產的收益(如出售財產所得、利息所得、租金收入等)。

三、親屬間移轉財產要妥善規劃

用買賣的方式將不動產移轉給下一代，可以不必繳贈與稅，不過下一代如果沒有買受財產的資金來源，贈與稅一樣是省不了。因此，規劃用買賣方式移轉財產給子女，必須事前妥善規劃才不致前功盡棄。

四、買受人的資金來源證明是關鍵所在

案例中由於張吳月裡和阿寶是母子關係，國稅局對這種屬於二親等以內親屬間的買賣，在審核時一向非常嚴格，國稅局會將審核重點放在阿寶的資金來源，並且會要求阿寶和張吳月裡都能提出支付價款的證明，這也是吳水洞因不瞭解相關規定，而覺得愧對張吳月裡的地方。因為吳水洞以為只要有支付買賣價金就可以將房子過戶給阿寶，以此來規避贈與稅，卻疏忽了阿寶屬於買方，又和賣方張吳月裡是母子關係，在這種情況下，國稅局一定會對阿寶的資金來源進行瞭解，這是關鍵所在。阿寶可以對國稅局說，他的錢都是勞力所得、繼承或是受贈與所得，當然這些都需要相關的單據或憑證送交國稅局審核，所以對於阿寶的部分，如沒有將資金來源預先作妥善規劃，就很容易會被國稅局認定是一種贈與行為。

法律筆記

◎ **遺產及贈與稅法第5條**

財產之移動，具有左列各款情形之一者，以贈與論，依本法規定，課徵贈與稅：

一、在請求權時效內無償免除或承擔債務者，其免除或承擔之債務。

二、以顯著不相當之代價，讓與財產、免除或承擔債務者，其差
　　額部分。

三、以自己之資金，無償爲他人購置財產者，其資金。但該財產
　　爲不動產者，其不動產。

四、因顯著不相當之代價，出資爲他人購置財產者，其出資與代
　　價之差額部分。

五、限制行爲能力人或無行爲能力人所購置之財產，視爲法定代
　　理人或監護人之贈與。但能證明支付之款項屬於購買人所有
　　者，不在此限。

六、二親等以內親屬間財產之買賣。但能提出已支付價款之確實
　　證明，且該已支付之價款非由出賣人貸與或提供擔保向他人
　　借得者，不在此限。

◎ **二親等親屬間合於常規買賣於登記後支付部分價款經查證屬**
　　實可核認（財政部86年3月11日台財稅第860047586號函）

主旨：

二親等以內親屬間財產之買賣，基於交易常規買受人有於辦理移
轉登記後支付部分價款之情形者，如經稽徵機關查證該等買賣屬
實，可依遺產及贈與稅法第5條第6款但書規定辦理。

說明：

二、主旨所述案件經研判有必要於核准免依以贈與論課稅後再追
蹤查核者，稽徵機關應另行列管查核，以杜取巧逃漏。

◎ **支付價款證明如係以承擔出賣人之債務經查明屬實者不視爲**
　　贈與（財政部68年5月25日台財稅第33414號函）

主旨：

配偶或三親等（編者註：現行法修正爲二親等且不含配偶）以內
親屬間發生財產買賣時，如買受人支付買價，係部分付予現金，
部分承擔出賣人之債務時，其所承擔之債務，如經查明屬實，可

視為符合遺產及贈與稅法第5條第6款但書之規定，該承擔之債務額，即不視為贈與，而非適用同法第21條：「贈與附有負擔者，由受贈人負擔部分，應自贈與額中扣除」之規定；至其餘未能提出支付價款證明之部分，仍應依同法第5條第6款前段規定課徵贈與稅。

說明：

二、遺產及贈與稅法第21條：「贈與附有負擔者，由受贈人負擔部分，應自贈與額中扣除」之規定，係指一般贈與案件，因其贈與行為，致受贈人須負負擔時，其負擔部分可自贈與額中扣除。而本案應視屬買賣案件，其買受人承擔出賣人之債務，即屬支付買價，如能查證屬實，即符合同法第5條第6款但書之規定，該承擔之債務額免予視為贈與課稅，僅就其餘未能提出支付價款證明之部分，依法課徵贈與稅。

案例3

房子有貸款可以節稅嗎？

錯誤觀念

把不動產送給子女，如果附有貸款就可以從贈與總額中扣掉，少繳贈與稅。

正確觀念

利用贈與附有負擔的方式，將附有貸款的不動產贈與子女，確實可以省下贈與稅，但要考慮子女是否有能力承擔貸款的本息。

生活小故事

呂大爲今天特別起個大早，草草盥洗完畢後即匆匆出門，看了一下手錶，才早上6點5分，心想今天應該不會又那麼倒楣吧！？

開門時特別注意馬路上有無可疑人物，天色還只是微亮，地下錢莊的人應該不會那麼早吧？想想也就大步踏出家門，要不是一連串的不順利，幾個月前所駕駛的貨櫃車又發生翻車意外，現在也不必每天過著提心吊膽的日子。

呂大爲快速跑向停著貨櫃車的空地，在打開車門的一剎那間，他一直以爲今天會是個美好的一天……

「呂董，早啊……」呂大爲一聽到熟悉的催魂叫聲後，驚慌中立刻從車上重重摔落並失去意識……他怎樣也沒想到地下錢莊的大哥早已坐在車上等他了。

晚上，呂大爲鼻青臉腫地回到住處，妻子淑芬一看也就知道發生什麼事了，夫婦倆經過一夜的商量之後，決定將呂大爲名下的房子請代書趕快過給兒子呂小帥。

天性樂觀的呂大爲心想：「把現值900多萬元的房子過給兒子，扣掉貸款700萬元，應該不用繳贈與稅吧！」

或許是呂大爲想得太樂觀了，呂大爲在申報贈與稅後，因爲兒子呂小帥才剛退伍不到半年，還沒有固定的工作和收入，國稅局最後核定的贈與總額900多萬元，經核算應繳納贈與稅額爲新台幣68萬元，呂大爲根本無法置信，呆呆傻傻地望著遠方的落日，眼睛裡還泛著淚光……。

關鍵說明

一、受贈人付不起貸款要繳贈與稅

贈與人送給受贈人的財產如果附有負擔，這個負擔的部分，按照遺產及贈與稅法規定是可以扣除的，例如未償還的貸款（包括財產本身的貸款或贈與人本身的貸款）、未繳納的各項稅捐、工程受益費等。但是前提必須是受贈人有能力承受得起這個負擔，國稅局才會准予扣除。以本案例來說，呂大爲送給兒子的房子已向銀行貸款700萬元，每個月的本金加利息也要不少錢，呂大爲的兒子沒有固定的收入，所以這筆貸款國稅局就不會同意扣除。換句話說，呂大爲的兒子如果能提出每個月的收入足以償還貸款本息的相關資料，或是銀行存款有700萬元以上，足以證明自己有能力承受這筆貸款，國稅局應該會准予扣除。

二、要小心「反贈與」

當受贈人有履行負擔的能力時，贈與財產的負擔部分依法是可以從贈與總額中扣除。但如果贈與財產的負擔大過於贈與財產的價值，就會變成所謂「反贈與」的情況，在這個情形下，受贈人變成了贈與人，贈與人反變成了受贈人。如果呂大為贈與公告現值900萬元的房子給兒子呂小帥，但在贈與前，這棟房子已經向銀行借了1,500萬元，呂大為原本是贈與人，但贈與房子的負擔大過於房子的價值，呂大為變成為受贈人，兒子呂小帥原來是受贈人反而贈與給爸爸呂大為600萬元，因為兒子呂小帥在受贈房子的同時也承受了呂大為1,500萬元的債務。

三、受贈人沒財力不適合利用贈與附有負擔來節稅

父母運用贈與財產附有負擔的方式移轉財產給子女，確實可以達到節稅目的，不過受贈人如果是未成年人、無固定工作的人或是年所得不高的人都不適用。所以贈與人如果想利用這種方式來達到節稅的效果，要先考慮受贈人是否有履行負擔的能力，否則可能會徒勞無功。

四、平時要培養受贈人的資力

贈與財產如果沒有時間上的壓力，要培養受贈人的資力並不會很困難，父母可以利用每年贈與免稅額的方式，分年分次贈與給子女，子女也可以利用勞力所得累積資力，當子女有了相當的資力後，父母不論是利用贈與財產附有負擔的方式或是運用買賣方式移轉財產給子女，都可以達到節稅目的。

五、受贈人繳的增值稅及契稅可扣除

贈與人贈與不動產給受贈人，依稅法規定，所有受贈人繳納的土地增值稅及契稅都可以從贈與總額扣除。

六、利用負擔贈與方式節稅有條件限制

案例中受贈人呂小帥是一個剛剛退伍不久，才準備進入社會的新鮮人，目前他既沒有固定的工作，也沒有穩定的收入，又如何有能力負擔高達700萬元的房貸本息呢？呂大爲的情形是運用贈與財產附有負擔的方式移轉財產給呂小帥，照道理說，確實應該可以達到節稅的目的，這個「附有負擔」的意思就是向銀行貸款的部分，而依稅法規定這是可以扣除的。可是重點在呂大爲疏忽了兒子呂小帥沒工作，在無固定收入的實際情形下，就不適用這種有銀行高額貸款的贈與行爲，所以國稅局當然不會核准呂大爲扣掉這高達700萬元的銀行貸款了。

法律筆記

◎ **遺產及贈與稅法第21條**

贈與附有負擔者，由受贈人負擔部分應自贈與額中扣除。

◎ **遺產及贈與稅法第22條**

贈與稅納稅義務人，每年得自贈與總額中減除免稅額二百二十萬元。

（編者註：自111年1月1日起贈與免稅額按物價指價調整爲244萬元。）

◎ **遺產及贈與稅法施行細則第18條**

依本法第二十一條在贈與額中扣除之負擔，以具有財產價值，業經履行或能確保其履行者爲限。負擔內容係向贈與人以外之人爲給付得認係間接之贈與者，不得主張扣除。

前項負擔之扣除，以不超過該負擔贈與財產之價值爲限。

◎ **遺產及贈與稅法施行細則第19條**

不動產贈與移轉所繳納之契稅或土地增值稅得自贈與總額中扣除。

案例4

利用人頭移轉財產避稅，可行嗎？

錯誤觀念

二親等親屬間財產直接贈與依法要課徵贈與稅，但只要將財產移轉給第三人後，再移轉給自己的子女就可以免去贈與稅的負擔。

正確觀念

藉由親朋好友的名義移轉財產給子女，不僅容易被國稅局補稅處罰，把財產登記在他人名下，也可能會有不可預知的風險。因此，想把財產移轉給子女，應請教專業人士妥善規劃，循合法節稅方式才是上策。

生活小故事

吳水洞躺在床上翻來覆去都無法睡著，不僅肚子餓得咕嚕咕嚕叫，代辦大姊張吳月裡的財產移轉給她兒子阿寶一事，也讓吳水洞深覺愧對從小照顧他的大姊，這一大筆稅金如何去張羅？吳水洞不禁用拳頭狠狠地打著自己的頭。

突然間，吳水洞從床上一躍而起，收拾簡單行囊後就搭車南下高雄，出門時因怕被張吳月裡瞧見，便悄悄地從後門離開家，吳水洞不敢讓她知道他是要去找阿寶的父親張樹皮，張吳月裡和

張樹皮雖然離婚二十幾年了，吳水洞其實私底下一直跟張樹皮保持聯絡，感情也一直很投契。

吳水洞相信張樹皮一定會幫他的，尤其財產的事又和他的親生兒子阿寶有關，所以吳水洞信心滿滿地留下字條告訴大姊張吳月裡：「對不起，我出外籌錢繳財產移轉的贈與稅，請妳放心，稅金的事包在我身上……。」

「……既然財產要過戶給阿寶了，我是阿寶的父親，當然義不容辭地會幫阿寶了，……我年紀也大了，也幫我想辦法把我的財產也過戶給阿寶，算是補償他了……」吳水洞知道張樹皮和大姊離婚後仍一直獨身未再婚，事業也作得不錯，他很滿意有這麼好的結果。

由於有前車之鑑，為了避開親子之間買賣房子嚴格的贈與稅審核流程，吳水洞和張樹皮決定先將張樹皮的財產過戶到吳水洞的名下，多年後再輾轉過戶給阿寶。但過了一陣子後，還是被國稅局發現，國稅局發函要求張樹皮、吳水洞和阿寶等三人提出財產移轉的支付價款來源及支付價款流程，不過他們三人無法提出完整的資金流程等相關資料，最後還是被國稅局補稅處罰。

關鍵說明

一、透過他人移轉財產有哪些風險

不少人為了要節贈與稅，利用三角移轉或多角移轉的方式把自己的財產移轉給子女，但卻忘了考慮利用這個方式移轉財產有其風險存在，以下的幾點提供給讀者參考：

(一) 把自己名下的財產移轉給親友後，這位親友以後就一定肯將財產再移轉給自己的子女？

(二) 萬一財產移轉給親友後，這位親友不幸發生意外過世，他的

繼承人願意再將這些財產移轉給自己的子女？

(三) 萬一這位親友發生債務的問題，他名下的財產被查封了，你怎麼辦？

(四) 萬一這位親友在財產要移轉給自己子女時，要求一筆走路工、掛名費或是車馬費，你要不要給？

(五) 萬一財產在三角移轉或多角移轉後被知情的人向國稅局提出檢舉，後果如何？

二、小心不肖代書的技倆

有些不肖代書會建議客戶運用三角移轉或多角移轉來逃避贈與稅，這個時候你可要小心了，因為這些不肖代書可能有二個目的：

(一) 可以多賺一筆代書費，因為贈與的財產要移轉二次以上才完成。

(二) 可能向國稅局提出檢舉，再賺一筆檢舉獎金。

三、親屬間買賣財產要負舉證責任

依照稅法規定，二親等以內親屬間財產的買賣，納稅義務人必須負資金來源及資金流程的舉證責任。在本案例中，吳水洞、張樹皮及阿寶等三個人的財產移轉都不是真的，當然提不出資金的來源及買賣資金的付款流程證明，不僅贈與稅跑不掉，還衍生不少的移轉費用和風險，這種作法並非明智。

四、三角移轉或多角移轉不動產有哪些特色

運用三角移轉或多角移轉方式移轉財產給親屬以不動產居多，而利用這種方法移轉有以下三個特色：

(一) 移轉的時程短

當事人用買賣的方式先移轉財產給第三人，並在短時間之內快速移轉給自己的子女。

(二) 沒有土地增值稅或是稅額不高

因為在同一個年度內移轉土地不需要繳納土地增值稅，所以三角移轉或多角移轉的案件，土地增值稅通常都是免稅或是稅額不高的案件。

(三) 直系血親間移轉

同一筆不動產在短時間之內，直系血親間有人出售、有人買進。

五、三角移轉或多角移轉不動產容易被國稅局查到

利用三角移轉或多角移轉方式移轉財產給子女，在以往電腦不甚發達的時代，也許可能有機會躲過國稅局的查核，不過依目前科技發展的程度，國稅局只要根據以上三角移轉或多角移轉的三個特色，設計相關的軟體，利用財稅資料中心的電腦資料，就可以輕易查到三角移轉或多角移轉的明確事證。因此，對於想利用這種方法來達到逃避贈與稅的目的，成功的機會恐怕不大。

六、財產三角移轉或多角移轉給子女費用高、風險大

案例中由於吳水洞之前幫大姊張吳月裡辦理財產過戶給阿寶的過程中，因不瞭解二親等之間移轉財產的相關規定，也未事先作好節稅規劃，以致需多繳一大筆稅金，所以張樹皮和吳水洞才會用這種方式將張樹皮的財產過戶到阿寶名下，結果還是逃不過被查獲的命運。其實這並不是一個正確的節稅方式，並且這種過戶方式也隱藏著極大風險，因為在財產的移轉過程中，不僅需負擔多一次的稅費，而如果再遇人不淑，更會衍生出各種問題，有

可能連財產也無法取回。張樹皮的財產移轉給吳水洞，再從吳水洞手中移轉到阿寶名下，這種方式即是所謂的三角移轉，在這樣的移轉過程中，很明顯地就是必須另外多付一筆稅費。但請注意，財產是先移轉給吳水洞，如果吳水洞本身有債務問題，張樹皮的財產就有被法院查封的可能，又如果吳水洞在房子未移轉前不幸發生意外過世，所有的問題都將更為複雜，甚至曠日費時也無法處理。

法律筆記

◎ 不動產三角移轉在92年7月2日以後者應補稅處罰不再輔導（財政部92年4月9日台財稅字第0910456303號令）

有關不動產所有人經由第三人移轉不動產予特定人（通稱三角移轉）之案件，如其移轉給特定人之行為（第二次移轉）係在92年7月1日以前者，仍應依本部83年2月16日台財稅第831583193號函辦理，如該行為係在92年7月2日以後者，不再依上開函進行輔導，應逕行查明依法處理。如經查明其移轉予第三者以及第三者移轉予特定人之有償行為係屬虛偽者，應依遺產及贈與稅法第4條第2項規定課徵贈與稅，並依同法第46條處罰鍰及依稅捐稽徵法第41條追究刑事責任，其有教唆或幫助者，亦應依稅捐稽徵法第43條追究刑事責任。

◎ 遺產及贈與稅法第4條第2項

本法稱贈與，指財產所有人以自己之財產無償給予他人，經他人允受而生效力之行為。

◎ 遺產及贈與稅法第44條

納稅義務人違反第二十三條或第二十四條規定，未依限辦理遺產稅或贈與稅申報者，按核定應納稅額加處二倍以下之罰鍰。

◎ **遺產及贈與稅法第46條**

納稅義務人有故意以詐欺或其他不正當方法，逃漏遺產稅或贈與稅者，除依繼承或贈與發生年度稅率重行核計補徵外，並應處以所漏稅額一倍至三倍之罰鍰。

◎ **稅捐稽徵法第41條**

納稅義務人以詐術或其他不正當方法逃漏稅捐者，處五年以下有期徒刑，併科新臺幣一千萬元以下罰金。

犯前項之罪，個人逃漏稅額在新臺幣一千萬元以上，營利事業逃漏稅額在新臺幣五千萬元以上者，處一年以上七年以下有期徒刑，併科新臺幣一千萬元以上一億元以下罰金。

◎ **稅捐稽徵法第43條**

教唆或幫助犯第四十一條或第四十二條之罪者，處三年以下有期徒刑，併科新臺幣一百萬元以下罰金。

稅務人員、執行業務之律師、會計師或其他合法代理人犯前項之罪者，加重其刑至二分之一。

稅務稽徵人員違反第三十三條第一項規定者，處新臺幣三萬元以上十五萬元以下罰鍰。

案例5

父母替子女還貸款要繳稅

錯誤觀念

父母替子女清償銀行貸款並非贈與行為。

正確觀念

父母替子女清償銀行貸款，雖然表面上看起來不是贈與行為，但卻是遺產及贈與稅法規定的「視同贈與」情形，如果金額超過贈與稅免稅額規定，容易被國稅局補徵贈與稅。

生活小故事

「阿爸，請你救救我吧！……」黃世明生意失敗也走投無路了，不僅欠了一屁股債，連房子的貸款也早已付不出來，銀行通知他要聲請法院查封房子，他逼不得已只有回家跪求老父協助。

黃世明高中畢業後，從一個汽車業務員進而從事中古車的買賣，原本經營得極為順利，但由於貸款買進許多應該會賺錢的二手車，不幸卻碰上這一波的世界經濟風暴，在消費者延後買車計畫及銀行急抽銀根的雙重影響之下，黃世明最後只能宣告破產。

而他的父親黃金山老師才剛從教育界退休不久，一生奉公守法，原本計畫最近到日本遊賞櫻花，回來後再規劃如何運用這筆辛苦一輩子才領到的退休金，好好度過這段人生最後的歲月，沒

想到兒子黃世明的哭跪哀求卻迫使他打消了這些計畫。

　　他憐惜地看著跪在地上的兒子黃世明，一旁的媳婦春貴抱著不到1歲的長孫也早已泣不成聲了，黃金山心裡實在不忍，決定替兒子清償銀行的債務。

　　但是兒子、媳婦的哭求，讓他太急於清償兒子的債務，卻疏忽了稅法的規定，以致最後他被國稅局發單要求補稅，這些更讓黃金山傷痛到了極點。

　　其實早在幾年前，黃金山就知道親子間買賣房子有嚴格的規定，所以後來兒子黃世明結婚時，他將早已購置的房子要過戶給黃世明時，他也守法地向國稅局提出申報，經國稅局認定為買賣後，他才順利將房子移轉給兒子，但他卻沒想到生意一直作得不錯的黃世明會繳不起房子的貸款……。

關鍵說明

一、二親等親屬間財產買賣要向國稅局申報贈與稅

　　父母與子女之間（包括養父母與養子女間）、祖父母與孫子女之間（包括外孫子女間）、岳父母與女婿之間、公婆與媳婦之間、兄弟姊妹之間等都屬於二親等以內親屬間的範圍，二親等以內親屬間的財產買賣，在遺產及贈與稅法規定中是「視同贈與」的行為，所以國稅局一律認定是贈與行為，除非買受人能夠提出資金來源及支付價款的確實證明，讓國稅局審核認定是「買賣」關係，否則依法就要申報繳納贈與稅。

二、財產買賣的價金被國稅局列管

　　國稅局對二親等以內親屬間財產買賣的價金流向會長期列管及追蹤。當二親等以內親屬間財產移轉被國稅局認定是買賣行為

後，買賣雙方並不需要繳納贈與稅就可辦理財產移轉。不過事後，如果國稅局發現出賣人所收取的價金有回流給買受人，會被認定是「假買賣，真贈與」，國稅局不但要補徵贈與稅，還可能會被處以罰鍰。本案例中，如果黃金山賣房子給兒子黃世明，黃金山收了兒子黃世明的購屋款，在買賣過戶完成後，又把當初收到的購屋款回流給兒子黃世明或是替黃世明償還貸款，很容易被國稅局查到，進而被補稅處罰。

三、利用贈與免稅額回流資金

　　利用買賣的方式將不動產移轉給子女，確實可省下大筆的贈與稅，不過前提是子女必須有正當的資金來源，另外父母向子女所收取的價金也不可以在短時間內回流給子女，這是二親等以內親屬間財產買賣最重要的二件事，否則贈與稅不但免不了，還可能會被處以罰鍰，後果可就嚴重了。父母如果希望將收取的價金再還給子女，可以透過贈與免稅額的規定，父母每年各贈與244萬元給子女，相信不用幾年，這筆購屋資金又可以合法而且免稅地回到子女的帳戶裡。

四、父母為子女清償貸款要課贈與稅

　　案例中黃金山老師知道親子間的財產買賣在遺產及贈與稅法中的規定是視同贈與行為，所以兒子黃世明結婚時，他將剛購買的房子過戶給黃世明，並提出雙方資金來源和付款等相關證明文件，經國稅局認定符合買賣要件後，才順利將房子移轉給黃世明。黃金山如此謹慎的性格，照道理不應該會發生被國稅局發單要求補稅的狀況，但他從未想到生意一向作得不錯的兒子竟會宣告破產，他只慨嘆兒子的時運不濟了，誰會預先料到世界經濟風暴會突然發生呢？傷心懊悔的黃金山可能不知道，國稅局對於親

子間財產的移轉，依例會長期列管並進行追蹤，黃金山是賣方，並且又和黃世明是父子關係，黃世明宣告破產時，黃金山情理上當然會二話不說地去救黃世明。但在雙方買賣過戶完成後，黃金山為黃世明償還貸款的行為，很容易會被國稅局查到，國稅局也會認為購屋價金有回流買方黃世明的事實。所以國稅局據此認定黃金山與黃世明之間的房子移轉，是一種「假買賣，真贈與」的行為，國稅局當然就會依法發單要求黃金山補繳贈與稅。

法律筆記

◎ 遺產及贈與稅法第4條第2項

本法稱贈與，指財產所有人以自己之財產無償給予他人，經他人允受而生效力之行為。

◎ 遺產及贈與稅法第5條

財產之移動，具有左列各款情形之一者，以贈與論，依本法規定，課徵贈與稅：

一、在請求權時效內無償免除或承擔債務者，其免除或承擔之債務。

二、以顯著不相當之代價，讓與財產、免除或承擔債務者，其差額部分。

三、以自己之資金，無償為他人購置財產者，其資金。但該財產為不動產者，其不動產。

四、因顯著不相當之代價，出資為他人購置財產者，其出資與代價之差額部分。

五、限制行為能力人或無行為能力人所購置之財產，視為法定代理人或監護人之贈與。但能證明支付之款項屬於購買人所有者，不在此限。

六、二親等以內親屬間財產之買賣。但能提出已支付價款之確實
　　證明，且該已支付之價款非由出賣人貸與或提供擔保向他人
　　借得者，不在此限。

◎ **遺產及贈與稅法第22條**

贈與稅納稅義務人，每年得自贈與總額中減除免稅額二百
二十萬元。

（編者註：自111年1月1日起贈與免稅額按物價指價調整為244萬
元。）

◎ **為子償還貸款雖已申報但如有短漏報仍應處罰（財政部84年6
月7日台財稅第841627725號函）**

納稅義務人為其子償還銀行貸款730萬元，依遺產及贈與稅法第5
條第1款規定課徵贈與稅，經通知後，雖已於期限內辦理贈與稅
申報，惟申報贈與金額為零，如經查明其有短漏報情事，則應依
同法第45條規定處罰。

案例6

沒所得，名下的財產哪裡來？

錯誤觀念

父母出資為子女購置財產並非贈與行為，不須課徵贈與稅。

正確觀念

通常有資產的父母會在子女退伍、學成歸國、結婚、創業等情形下給予置產，但要注意遺產及贈與稅法的相關規定，否則容易因此引起國稅局的注意，進而被國稅局補稅處罰，得不償失。

生活小故事

「我們就是要像電影中的人物一樣情義相挺！」看完《艋舺》後，周愛現嘴上叼著香菸，通紅的大嘴仍不斷地嚼著檳榔，身穿短褲、汗衫，腳踩著人字拖鞋，隨著散場的人潮走向停車場時，他高抬著頭對小學同學王健民仍喋喋不休地談著電影中的情節……。

王健民為了閃躲不斷從周愛現口中噴出來的紅色汁液，身體和頭部一直極力地往右邊傾斜，怪異的姿勢著實讓旁邊的人覺得奇怪，等到轉眼瞧見周愛現嘴巴像噴泉般的紅色口沫後，也驚嚇得紛紛奔竄走避。

王健民高大帥氣但家境並不好，今年剛考進某電腦大廠擔任

電腦工程師，要不是和周愛現是十幾年的老同學，他真不想和周愛現往來，他轉頭眼光向下瞥見周愛現全身金光閃閃的裝扮，勞力士錶、大鑽戒、脖子上的金項鍊起碼有2斤重吧！短褲上還掛著新買的BMW大5系列新車的鑰匙，全身叮叮咚咚的。

王健民承認會對周愛現有些羨慕，他和周愛現一樣都剛退伍不久，周愛現的父親周天財只是賣掉20餘甲塭仔地旁的一塊旱地，就可以用大把的鈔票幫獨子周愛現買名車和房子。

而今天晚上，周天財更替周愛現安排相親，而聽說相親的對象是鎮上楊醫生的小女兒愛玉，愛玉長得有點像名模林志玲，是鎮上公認的美女，性情也極為溫柔孝順，周愛現為此也每天拿著林志玲的照片猛親，這幾天來，他嘴角的口水好像從來沒有乾過，周愛現雖然既興奮又期待，但向來就膽小的他便硬拉著王健民陪他一塊兒壯膽。

一年後，這個樸實的鎮上終於傳出人人稱羨的好消息，不過另一則壞消息卻讓周愛現的父親周天財暴跳如雷，好消息當然是愛玉要結婚了，但愛玉結婚的對象卻是王健民，而為此每天傷心落淚的周愛現，除祝福王健民之外，也只能每天看著林志玲的照片哀聲嘆氣了。

至於周愛現的父親周天財因賣地替周愛現買名車和房子，卻不懂相關稅法的規定，無法對無業的周愛現向國稅局提出置產的資金來源說明，所以國稅局發單給周天財，要求他補繳一筆不小的贈與稅，周天財氣得大嘆人財兩失。

關鍵說明

一、沒收入但財產卻不斷增加，容易受到國稅局關愛

購買汽車必須要到監理單位去辦登記，購買不動產也必須向

稅捐機關及地政事務所辦理各種手續。這些財產資料在財政部財稅資料中心都會有紀錄。周愛現剛退伍，在還沒有所得的情形下，就擁有名車及不動產，國稅局對這些人的資金來源特別有興趣，這些人不是漏報所得稅，就是有人贈與財產，稽徵人員經常在這些對象身上找到可觀的稅源。

二、哪些人是國稅局特別關愛的對象

國稅局為了稽徵稅捐，不斷利用行政機關的各種資料與方法來找尋稽徵的對象，依照以往的經驗，如果你是以下情況之一，就要特別留意了：

(一) 當年度的薪資成長幅度不高，但財產卻大量增加。

(二) 薪資所得有限或沒有薪資所得，但卻擁有高額利息所得或有鉅額分離課稅利息。

(三) 無固定收入或年收入有限，但卻擁有多棟房子或高級進口汽車、高爾夫球證等。

(四) 28歲以下，在金融機構有大額存款或財產大量增加者。

(五) 60歲以上，財產大量減少者。

(六) 財產突然大增大減者。

(七) 最近大量出售土地者。

(八) 個人購買土地金額巨大，但近年申報所得明顯不相當者。

(九) 全年有鉅額結匯與申報所得不相當者。

(十) 上市上櫃公司股票，於上市前股東有鉅額投資者。

(十一) 投資未上市上櫃公司股票金額巨大，申報所得明顯不相當者。

(十二) 領取鉅額土地徵收補償費者。

三、沒所得但財產大量增加容易引起國稅局注意

　　國稅局對於高資產人士親子間的財產移轉一向都列為觀察重點，如稍有疏忽就極容易引起國稅局的注意。案例中周愛現是剛剛退伍不久的社會青年，又還沒有找到工作，是屬於沒有所得的情形，但他有一個有錢的好爸爸，雖然可以輕易擁有名車和房子，但這些名車和房子卻登記在無所得的周愛現名下，就很容易受到國稅局人員的關心。

法律筆記

◎ **遺產及贈與稅法第4條第2項**
本法稱贈與，指財產所有人以自己之財產無償給予他人，經他人允受而生效力之行為。

◎ **遺產及贈與稅法第5條**
財產之移動，具有左列各款情形之一者，以贈與論，依本法規定，課徵贈與稅：

一、在請求權時效內無償免除或承擔債務者，其免除或承擔之債務。

二、以顯著不相當之代價，讓與財產、免除或承擔債務者，其差額部分。

三、以自己之資金，無償為他人購置財產者，其資金。但該財產為不動產者，其不動產。

四、因顯著不相當之代價，出資為他人購置財產者，其出資與代價之差額部分。

五、限制行為能力人或無行為能力人所購置之財產，視為法定代理人或監護人之贈與。但能證明支付之款項屬於購買人所有者，不在此限。

六、二親等以內親屬間財產之買賣。但能提出已支付價款之確實
　　證明，且該已支付之價款非由出賣人貸與或提供擔保向他人
　　借得者，不在此限。

◎ **遺產及贈與稅法第22條**

贈與稅納稅義務人，每年得自贈與總額中減除免稅額二百
二十萬元。

（編者註：自111年1月1日起贈與免稅額按物價指價調整為244萬
元。）

案例7

賣地低於現值惹「稅」上身

錯誤觀念

　　財產買賣的價金只要買賣雙方合意即可，不會有贈與稅的問題。

正確觀念

　　財產買賣的成交價要注意是否低於遺產及贈與稅法規定的價值，否則可能會多出一筆贈與稅。

生活小故事

　　「空伯仔早啊！」「吳老闆你也早啊！」……。

　　這兩個人年紀相當，頂多差個1、2歲而已，不過空伯仔因為長年務農的關係，黝黑的皮膚和像被雕刻刀所刻劃出的皺紋讓他看起來像比吳新發多了10來歲，右腳因受傷變形，走路一拐一拐的，他常嘆氣地告訴吳新發說，山上的活兒快要無法作了。

　　「我不是叫你乾脆把這塊土地賣給我嗎？你考慮看看嘛！」

　　從事房地產買賣的吳新發一直想在風景優美的陽明山風景區附近買一塊土地，作為退休養老的地方，因為偶然間在山上發現空伯仔受傷昏倒在地，吳新發立刻叫救護車送他去醫院，空伯仔從此把吳新發當作是恩人看待，兩人也變成無話不談的好朋友。

「有啦！有啦！我兒子阿成仔也叫我不要作了，賣掉算了！阿成仔還說這樣他才有可能在台北買房子，還一直叫我搬去跟他一起住，真不知道他是真『友孝』還是假『友孝』？」

「那你就把地賣給我啊！你也知道我很喜歡這裡的環境，你賣給我等於是交給我管理而已，你還是可以當作是自己的地方常常來玩，大家作個伴聊聊天也好啊！」

「但是你也知道，我這塊土地是在陽明山國家公園保護區內，土地的利用受到很多限制，你覺得划算嗎？」

「當然這種地是沒有人要買的，價錢可能要比行情低很多，甚至還比公告現值更低得多……」

……空伯仔靜默地想著這些事，對於這塊祖先留下來的土地，他一直有一份濃濃的依戀，他也不想變成一個變賣祖產的罪人，但時代變了，阿成仔一個月雖然賺3、4萬元，但還有老婆和兩個小孩要養！要想在台北買房子真的是比登天還難。

空伯仔一想到那兩個可愛的孫子，他的嘴角不自覺地浮現出笑意，眼角的皺紋也更像一塊陳年的老樹皮了，上面似乎還有著一滴不敢掉落的笑淚。

後來阿成仔一直吵著要買房子，空伯仔在身體也一日不如一日的情形下，最後還是把他六筆土地以總價新台幣675萬的價錢賣給吳新發，但由於這六筆土地的公告現值高達新台幣1,861萬元，比實際成交價格高出新台幣1,186萬元，國稅局認定空伯仔是「以顯著不相當之代價讓與財產」，因此對空伯仔發單課徵贈與稅。

空伯仔幾乎瘋掉了，不斷地咒罵著，臉上的皺紋使他看起來像一隻發怒的老山貓，他發誓要討回公道，但他最後從復查、訴願，一直告到行政法院，還是輸了官司。

關鍵說明

一、空伯仔與國稅局雙方的立場不同

空伯仔認為，他的農地位在陽明山國家公園的保護區內，土地的利用受到非常多的限制，沒人要買。在那個時候，他又急需用錢。所以，只好接受吳新發的殺價，不得已用低於公告現值的價錢把土地賣掉，這完全是真實的土地買賣，並不是贈與的行為，也不是他故意要逃漏稅捐。不過國稅局認定，空伯仔把公告現值1,861萬元的土地，用675萬元就賣掉，明顯地符合遺產及贈與稅法規定的視同贈與行為，不論這些土地的買賣是否真實，都要課徵贈與稅。

二、空伯仔行政救濟打了敗仗

空伯仔認為國稅局對於真實的土地買賣也要課徵贈與稅，覺得非常不服。於是空伯仔就提出行政救濟，但是從復查、訴願，一直告到行政法院，最後行政法院還是認為，國稅局核課贈與稅並沒有違法；換句話說，空伯仔必須繳納這筆贈與稅。

三、以顯著不相當之代價移轉財產要繳稅

既然這是件真實的土地買賣，而且買賣雙方也沒有贈與的意思，那麼空伯仔為什麼要繳贈與稅？問題就出在遺產及贈與稅法中有規定，以顯著不相當之代價讓與財產，免除或承擔的債務，這個差額的部分是視同贈與行為。按照稅法規定，土地的價值計算是以公告現值為準，而不是以市價為準。空伯仔把公告現值1,861萬元的土地，用675萬元賣掉，中間的差價就高達1,186萬元，這個差額依法要課徵贈與稅。

四、購買財產太便宜當心贈與稅

一般來說，土地的買賣成交價應該都不至於會低於公告現值。不過，當土地的利用受到很多的限制時，就像空伯仔的農地或是許多的公共設施保留地，這些土地買賣的價格都有可能低於公告現值，這個時候就要留意土地買賣有沒有贈與稅的問題。

五、賣地價格低於現值視同贈與

案例中空伯仔眞是要瘋掉！這種保護區的土地確實很少有人會想到要去購買或投資，所以在一般土地的買賣行情中常呈現偏低的狀況，甚至比公告現值還低很多也有可能，如果又急著脫手，其成交價格因此打了好幾折都可能會發生，這就看買賣雙方的意願了。空伯仔爲什麼會打輸官司？因爲空伯仔這六筆土地的公告現值是新台幣1,861萬元，成交價卻只有675萬元，差額高達1,186萬元，換句話說，其成交價格是公告現值的三折半多一點而已，等於是用三分之一的價錢賣掉這六筆土地。問題就出在這裡，除非空伯仔能提供附近相同或類似用地於相當期間內之買賣價格、法院拍定價格或其他客觀資料，證明市價確實低於公告土地現值，且其成交價與市價相當，否則在遺產及贈與法規定中，以顯著不相當之代價讓與財產，這個差額的部分是視同贈與行爲，是要課徵贈與稅。

> ### 法律筆記

◎ **遺產及贈與稅法第5條**

財產之移動，具有左列各款情形之一者，以贈與論，依本法規定，課徵贈與稅：

一、在請求權時效內無償免除或承擔債務者，其免除或承擔之債

務。

二、以顯著不相當之代價，讓與財產、免除或承擔債務者，其差額部分。

三、以自己之資金，無償為他人購置財產者，其資金。但該財產為不動產者，其不動產。

四、因顯著不相當之代價，出資為他人購置財產者，其出資與代價之差額部分。

五、限制行為能力人或無行為能力人所購置之財產，視為法定代理人或監護人之贈與。但能證明支付之款項屬於購買人所有者，不在此限。

六、二親等以內親屬間財產之買賣。但能提出已支付價款之確實證明，且該已支付之價款非由出賣人貸與或提供擔保向他人借得者，不在此限。

◎ **土地市價低於公告現值按市價出售免課贈與稅（財政部90年11月7日台財稅字第0900457029號函）**

土地買賣成交價低於公告土地現值，如納稅義務人能提供附近相同或類似用地於相當期間內之買賣價格、法院拍定價格或其他客觀資料，證明市價確實低於公告土地現值，且其成交價與市價相當者，免依遺產及贈與稅法第5條第2款規定課徵贈與稅。

案例8

財產分得少也要繳贈與稅嗎？

錯誤觀念

遺產由繼承人繼承後可以重新再分配，不須再繳納任何贈與稅或遺產稅。

正確觀念

繼承人繼承遺產後，再重分配要注意是否有贈與稅的問題。

生活小故事

「囡腰仔，阿爸留給我們兄妹的土地我已經和建商談好了，房子蓋好後，我們一個人可以各分到300坪的房子，妳有什麼意見嗎？」

阿林用疼愛的眼光看著近40歲仍小姑獨處的唯一妹妹囡腰仔，心想囡腰仔實在長得不差，為何月老總是路過家門口，卻看不到半條紅線繫在囡腰仔的身上，他常勸她眼光不要太高，她也總是苦笑一下即匆匆離開，阿林此後也不敢多提了。

「阿兄，其實我只有一個人而已，實在不需要住那麼大的地方，我認為只要100坪就足夠了，其他200坪就給你好了！」

「可是土地我們已經繼承好了，建商就是這樣跟我說的，我們一個人的份額就是300坪啊！……」

「阿兄，你是我們家唯一的男生，必須負責傳承我們家的香火，你多分得一些財產也算合理啊！況且我這輩子可能也不會嫁人了……。」

每次講到這個敏感的話題，阿林總是不敢輕易接話，望著眼眶微紅的妹妹罔腰仔似有所思的樣子，阿林也不忍再說下去了。

其實罔腰仔在20幾歲時，曾有一個相戀三年並已論及婚嫁的男友慶仔，但後來卻突然間斷了音訊，聽說慶仔在那一年就離家去美國讀書，至於實際狀況為何，阿林總不願再去詢問，深怕刺痛罔腰仔心中的傷口。

所以阿林一聽到罔腰仔提到一輩子不嫁的事，他也只能靜默地回想起這些往事，阿林心想，就暫時順著罔腰仔的意思，也免得再觸痛她的傷心之處，當下阿林決定，如果罔腰仔一輩子不嫁，他就要照顧她一輩子，如果能找到夫家，他再把那200坪的房子當作罔腰仔的嫁妝回贈給她，這樣婚禮也可以辦得風風光光了……。

阿林在心裡作了這樣的決定後，他也一直認為這是一個兩全其美的辦法，所以在房子順利蓋好後，阿林也順從罔腰仔的意思，將罔腰仔要給他的200坪房子先暫時登記在自己名下，阿林總共分到500坪的房子，罔腰仔則在她自己的堅持之下，只分得100坪的房子。

但阿林和罔腰仔卻從未想到，國稅局竟然會發單要求他們補繳贈與稅，問題就出在罔腰仔堅持給阿林的這200坪房子，國稅局認為，這200坪房子的差額部分，阿林並沒有給妹妹罔腰仔任何補償，所以國稅局要發單補徵贈與稅。

針對這件事，阿林也不敢對罔腰仔多說什麼，對自己因不瞭解稅法所造成的疏失，他也無話可說，當然這筆待繳的稅金，他認為必須籌錢幫罔腰仔付清，才對得起她的心意。

關鍵說明

一、財產少分到要課稅

　　雖然被繼承人的遺產不論繼承人如何協議分割，都不會有贈與的問題，不過繼承人一旦將遺產分割完成，事後再相互移轉財產就會有贈與稅的問題。案例中，阿林與其妹罔腰仔倆人都是老實的鄉下人，罔腰仔認為遺產本來就應該是由家裡面的男人來繼承，因為按照習俗，男人必須傳香火，所以並不在意阿林多分了200坪的房子，怎麼也沒想到，這樣是贈與的行為，要課徵贈與稅。

二、贈與人要繳贈與稅

　　依照遺產及贈與稅法規定，贈與稅的納稅義務人是贈與人。依照合建契約，罔腰仔應該分到300坪的房子，但是實際上只分到100坪，罔腰仔把少分到200坪的房屋送給了阿林，所以罔腰仔是這個贈與案件的贈與人，阿林則是受贈人，罔腰仔不但少分了200坪的房子，還要負責繳納贈與稅，損失可大了。

三、親屬間財產移轉更要注意是否有贈與行為

　　有不少贈與稅的案件都是當贈與人收到了國稅局的通知或是收到贈與稅單以後，才知道這樣的財產移轉是贈與行為，要課徵贈與稅。因此，對於財產的移轉，尤其是「親屬」之間，更要特別留意會不會有贈與的問題，如果親屬間有必要移轉財產，最好事先請專業人士稍作規劃，以免多花冤枉錢。

四、親屬間財產買賣要留意對價給付

　　很多人認為，既然是親屬間財產的買賣，價錢可以便宜點，不需要跟市價一般，這是人之常情，不過這時候就要注意成交價

是否低於遺產及贈與稅法規定的標準，否則就可能涉及到稅法中
規定的「以顯著不相當之代價讓與財產」的贈與行為。在本案例
中，阿林多分到200坪的房子，如果能以土地公告現值及房屋評
定標準價格給予罔腰仔補償，即是有對價的給付，就不會有贈與
稅的問題出現。

法律筆記

◎ **遺產及贈與稅法第4條第1、2項**

本法稱財產，指動產、不動產及其他一切有財產價值之權利。

本法稱贈與，指財產所有人以自己之財產無償給予他人，經他人
允受而生效力之行為。

◎ **遺產及贈與稅法第7條**

贈與稅之納稅義務人為贈與人。但贈與人有下列情形之一者，以
受贈人為納稅義務人：

一、行蹤不明。

二、逾本法規定繳納期限尚未繳納，且在中華民國境內無財產可
　　供執行。

三、死亡時贈與稅尚未核課。

依前項規定受贈人有二人以上者，應按受贈財產之價值比例，依
本法規定計算之應納稅額，負納稅義務。

◎ **繼承人間不論如何分割遺產均不課贈與稅（財政部67年8月8
　　日台財稅第35311號函）**

主旨：

繼承人於繳清遺產稅後，持憑遺產稅繳清證明書辦理遺產繼承之
分割登記時，不論繼承人間如何分割遺產，均不課徵贈與稅。

說明：

二、民法應繼分規定之設置，其目的係在繼承權發生糾紛時，得憑以確定繼承人應得之權益，如繼承人間自行協議分割遺產，於分割遺產時，經協議其中部分繼承人取得較其應繼分為多之遺產者，民法並未予限制；因之，繼承人取得遺產之多寡，自亦毋須與其應繼分相比較，從而亦不發生繼承人間相互為贈與問題。

案例9

合建分房子給子女要繳稅

錯誤觀念

　　地主與建商合建，在房子蓋好後，直接叫建商把應分得的房子登記給子女可以省下贈與稅。

正確觀念

　　地主與建商合建分屋將房子分給子女，子女應該要支付合理價金，否則國稅局會依視同贈與規定課徵贈與稅。

生活小故事

　　「春綢仔，李仔有來找我嗎？」何大炮起床後，即小聲地叫著老伴，聲音裡透露出一絲絲的擔心和愧疚。

　　「你講什麼？講大聲一點嘛！一大早像一隻破病貓……你到底要講什麼？」

　　春綢仔忙著把雜貨店架上的貨物拿給客人，嘴中也碎碎唸著老伴何大炮最近好像吃錯藥了，一看到客人拿出一張千元大鈔給她，春綢仔誇張地睜大了她細細小小的眼睛，「天壽喔，你是沒小張一點的嗎？……」「啊？！什麼？……」春綢仔發覺自己失言忙說，「沒啦！我家那隻老猴仔，透早起來就天飽吵……」

　　春綢仔一直想不透他的老伴何大炮完全「變款」的怪異行

為，每天躲在房間裡都不出來，他還特地去買了一部電視和錄放影機放在房間裡，還細聲地交代春綢仔說，有任何人找他都說不在！春綢問他到底發生什麼事？何大炮也支支吾吾地不願說出來。

春綢仔碎碎唸著，何大炮真是吃錯藥！（春綢輕摀著嘴，左右張望了一下……）

如果真是吃錯了藥，春綢仔可能也不會那麼生氣了，她想起了年輕時候的何大炮……，一陣靜默後，春綢仔隨即驚醒，她暗自吐了一下舌頭（都幾歲人了還在想這些……）。

春綢仔轉頭看著正在播放的電視廣告，嘴角也閃現一絲絲會意的微笑……

「……喳甫郎那40歲就剩一隻嘴啦！……」

說也奇怪！何大炮平常講話的聲音就和他的名字一樣，每次他還沒到家，遠在幾百公尺外就能聽到他隆隆的炮聲，但自從新房子蓋好以後，將房子過戶給仍在讀高二的大兒子阿貴，計畫未來娶媳婦讓他作新房，雖然說早了點，但這也是喜事啊！

春綢仔一直想不透為什麼老伴何大炮會躲著李仔，兩個大男人都說：「這攏沒有喳某人的代誌……」

春綢仔想到當初和李仔一起找建商蓋新房子，大家都有契約書「白紙黑字」寫得很清楚啊！講白一點，他們蓋他們的，我們蓋我們的，只是共同找一個建商而已啊！並且蓋好時也一起擺桌請親友來鬥鬧熱啊！

春綢仔也記得，李仔在他老伴何大炮極力勸說之下，也把蓋好的新房子登記到他二兒子福仔的名下，而福仔也和阿貴是同班同學，兩人的感情也和親兄弟差不多……，春綢仔心裡一直理不清楚這些事！

其實躲在房間裡的何大炮根本沒有心情看電視，每天拿著國

稅局的贈與稅補繳稅單哀聲嘆氣，自己因不懂稅法認栽也就算了，頂多跟春綢仔好好賠個不是就好了，「錢了人無代！」但是李仔是在何大炮積極勸說之下，才半信半疑地把新房子登記到他兒子福仔名下，以為這樣可以避開贈與稅……。

「……喳甫郎那40歲就剩一隻嘴啦！……」何大炮房間內新買的電視機正賣力地扯著嗓門望著何大炮失魂落魄的樣子。

關鍵說明

一、把應分到的房子登記給他人是贈與行為

何大炮以土地跟建商合建分屋，按照契約的約定，建商應該在房子蓋好了以後，把房子登記在何大炮的名下。不過何大炮為了要節稅，要求建商將房子直接登記給他的未成年子女，何大炮與他的未成年子女之間就發生了贈與的行為。

二、未成年人購置財產視同贈與

依照遺產及贈與稅法規定，限制行為能力人或無行為能力人，也就是所謂的未成年人所購置的財產，國稅局一律認定是法定代理人或監護人的贈與，除非能證明購買財產的資金是未成年子女所有（如向國稅局主張是繼承所得或是歷年受贈所取得），否則國稅局就認定是父母對未成年子女的贈與，要課徵贈與稅。

三、合建分屋給親屬要注意是否有對價關係

很多地主跟建商合建，從申請建照到完工都用地主的子女或二親等親屬名義登記為起造人，建築完工後，地主應分到的房子直接登記為子女或二親等親屬所有。當地主沒有收到子女或二親等親屬對等的買賣價金時，就是贈與行為，對於想要利用這個

方法逃避贈與稅的地主應特別留意。

四、要小心行政機關的通報系統

　　國稅局為了稽徵稅捐，積極運用行政機關的各項資訊，像戶政機關、地政機關、稅捐稽徵機關、金融機關等。在本案例中，建商移轉房屋要向轄區的稅捐處申報契稅，移轉土地也要申報土地增值稅，稅捐處就會把移轉房屋和土地的資料通報到財政部的財稅資料中心，尤其是未成年人取得不動產，更容易受到國稅局的注意。另外，不動產移轉也必須到地政事務所辦登記，地政事務所在登記完畢後，也會將資料通報到財政部的財稅資料中心，案例中本想節稅的何大炮要避開贈與稅並不容易。

五、未成年子女購置財產視同贈與

　　何大炮為了避稅把新房子直接登記到他的兒子阿貴的名下，他認為雖然阿貴還只是高二的學生，但新房子早晚都是要給阿貴結婚後住的，所以早一點把房子的產權登記給阿貴，何大炮以為這樣就能省下一筆為數不小的贈與稅，他甚至也大力勸說李仔也如此作，可是最後自己不但要依法補稅，也無法面對李仔。依照遺產及贈與稅法規定，限制行為能力或無行為能力人所購置的財產，國稅局一律認定是法定代理人的贈與，所以一不注意，就像何大炮一樣這筆贈與稅是絕對跑不掉的。不過，如果何大炮能證明未成年的阿貴是以其本身的財產（如繼承或受贈所得）出資購買的，何大炮這筆贈與稅是可以避免的。

國稅局查稅系統表

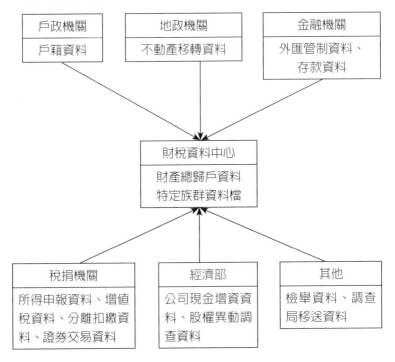

法律筆記

◎ **遺產及贈與稅法第5條**

財產之移動，具有左列各款情形之一者，以贈與論，依本法規
定，課徵贈與稅：

一、在請求權時效內無償免除或承擔債務者，其免除或承擔之債
　　務。

二、以顯著不相當之代價，讓與財產、免除或承擔債務者，其差
　　額部分。

三、以自己之資金，無償為他人購置財產者，其資金。但該財產
　　為不動產者，其不動產。

四、因顯著不相當之代價，出資爲他人購置財產者，其出資與代
　　價之差額部分。

五、限制行爲能力人或無行爲能力人所購置之財產，視爲法定代
　　理人或監護人之贈與。但能證明支付之款項屬於購買人所有
　　者，不在此限。

六、二親等以內親屬間財產之買賣。但能提出已支付價款之確實
　　證明，且該已支付之價款非由出賣人貸與或提供擔保向他人
　　借得者，不在此限。

◎ **以未成年人名義興建房屋應以領取使用執照時爲贈與日（財
　政部65年6月5日台財稅第33672號函）**

以未成年人名義申領建築執照興建房屋，應以領取使用執照時爲
贈與行爲發生日，依法申報贈與並課稅；如於領取使用執照時，該
未成年人業已成年，依遺產及贈與稅法第5條仍應課徵贈與稅。

◎ **以未成年子女名義購買未完工房屋應以取得使用執照之日爲
　贈與日（財政部66年9月1日台財稅第35869號函）**

父母以未成年子女名義購買未完工之房屋繼續建築完成而爲贈與
者，以取得建築物使用許可證（編者註：現爲建築物使用執照）
之日爲贈與日期，依法課徵贈與稅。

◎ **以贈與論課稅者不問當事人間是否有贈與意思表示之合致
　（財政部68年4月14日台財稅第32338號函）**

遺產及贈與稅法第5條係規定財產移轉時，具有所列各款情形之
一者，即不問當事人間是否有贈與意思表示之一致，均須以贈與
論，依法課徵贈與稅，與同法第4條所規定之贈與人與受贈人意
思表示一致，始能成立者，原有不同。本案既係依同法第5條第2
款規定課徵贈與稅，雖受贈人未有允受之意思表示，其贈與行爲
仍屬成立，故其申報案件，應准予受理。

◎ **未成年人以歷年受贈之現金興建房屋免課贈與稅（財政部70年11月17日台財稅第39664號函）**

法定代理人以其未成年子女或監護人以受其監護之未成年人歷年受贈並已報繳贈與稅之現金為該未成年人興建房屋者，如當事人能以該未成年人之銀行存款簿記錄，證明係以該未成年人歷年受贈款項興建，並經稽徵機關查明屬實時，即無視為法定代理人或監護人贈與規定之適用，當事人可持憑稽徵機關所核發免課贈與稅之文件，逕向地政機關申報產權登記。

◎ **民法第12條**

滿十八歲為成年。

◎ **民法第13條**

未滿七歲之未成年人，無行為能力。

滿七歲以上之未成年人，有限制行為能力。

◎ **民法第14條**

對於因精神障礙或其他心智缺陷，致不能為意思表示或受意思表示，或不能辨識其意思表示之效果者，法院得因本人、配偶、四親等內之親屬、最近一年有同居事實之其他親屬、檢察官、主管機關、社會福利機構、輔助人、意定監護受任人或其他利害關係人之聲請，為監護之宣告。

受監護之原因消滅時，法院應依前項聲請權人之聲請，撤銷其宣告。

法院對於監護之聲請，認為未達第一項之程度者，得依第十五條之一第一項規定，為輔助之宣告。

受監護之原因消滅，而仍有輔助之必要者，法院得依第十五條之一第一項規定，變更為輔助之宣告。

◎ **民法第15條**

受監護宣告之人，無行為能力。

◎ **民法第15條之1**

對於因精神障礙或其他心智缺陷，致其為意思表示或受意思表示，或辨識其意思表示效果之能力，顯有不足者，法院得因本人、配偶、四親等內之親屬、最近一年有同居事實之其他親屬、檢察官、主管機關或社會福利機構之聲請，為輔助之宣告。

受輔助之原因消滅時，法院應依前項聲請權人之聲請，撤銷其宣告。

受輔助宣告之人有受監護之必要者，法院得依第十四條第一項規定，變更為監護之宣告。

◎ **民法第15條之2**

受輔助宣告之人為下列行為時，應經輔助人同意。但純獲法律上利益，或依其年齡及身分、日常生活所必需者，不在此限：

一、為獨資、合夥營業或為法人之負責人。

二、為消費借貸、消費寄託、保證、贈與或信託。

三、為訴訟行為。

四、為和解、調解、調處或簽訂仲裁契約。

五、為不動產、船舶、航空器、汽車或其他重要財產之處分、設定負擔、買賣、租賃或借貸。

六、為遺產分割、遺贈、拋棄繼承權或其他相關權利。

七、法院依前條聲請權人或輔助人之聲請，所指定之其他行為。

第七十八條至第八十三條規定，於未依前項規定得輔助人同意之情形，準用之。

第八十五條規定，於輔助人同意受輔助宣告之人為第一項第一款行為時，準用之。

第一項所列應經同意之行為，無損害受輔助宣告之人利益之虞，而輔助人仍不為同意時，受輔助宣告之人得逕行聲請法院許可後為之。

案例10

債權算財產嗎？讓給子女也要課稅？

錯誤觀念

債權不是財產，把債權讓給子女不必課徵贈與稅。

正確觀念

債權在遺產及贈與稅法中是「有財產價值的權利」，債權人將債權讓給子女，會有贈與稅的煩惱。

生活小故事

「小虎吾兒：

父親對不起你，你這個學期放暑假回到家時，可能發現這個家已經不在了……。

你記得你小時候就認識的陳用力陳叔叔嗎？前一陣子他過來找我，他說他目前從事的綠能產業有相當好的遠景，他計畫增資擴廠，但他手頭上的資金缺口仍有2,000萬，他希望我能幫他忙！

由於我也看好綠能產業的未來性，所以我籌措了1,000萬元，另外也把你祖父留下來的土地，向銀行貸款了1,000萬元，借給你陳叔叔，他付我很不錯的利息，我也一直認為應該不會發生問題……。

　　後來你陳叔叔發現公司裡另外一位管財務的股東涉嫌掏空公司資產，可是你陳叔叔發現時，公司已無法再經營下去了。

　　你陳叔叔曾寫信告訴我事情的整個經過，這件事經我調查過後，確實如你陳叔叔所說的狀況，但你陳叔叔說他沒有臉再見到我，他說他一定會還我這筆錢的……。

………

　　你這幾年的生活費和學費我已託你大姊安排，你也不必太擔心，……

　　希望你好好讀書，也保重好自己的身體！

　　　　　　　　　　　　　　　父字……」

　　小虎的父親曹天探受到這次陳用力倒債的拖累後，變賣所有財產仍無法還清本身所有的欠債，小虎收到這封信時，曹天探早已遠避他鄉了。

　　而小虎在這期間始終無法聯絡到他的父親，後來小虎幾經考慮，認為大姊的生活也不好過，所以向學校辦理休學提早當兵，生性敏感的小虎雖然不想流浪，但心中卻已有漂泊的感覺了。

　　幾年之後，陳用力因繼承了一些祖產，轉投資一些生意也都獲利不少，在他認為已有能力償還曹天探的債務時，也意外地在一處建築工寮中發現了曹天探的身影，當陳用力瞧見曹天探憔悴的面容和霜白的頭髮時，不禁淚流滿面哽咽地說不出話來。

　　陳用力說他繼承的土地有2,000萬以上的價值，他希望用這塊土地抵償當初向曹天探的借款，曹天探也同意如此，但他要陳用力把土地直接登記到小虎的名下就可以了，沒想到由於曹天探本身的疏忽，讓他多繳了一筆可觀的贈與稅！

　　曹天探後來瞭解稅法的規定後，也只能再籌錢繳稅了，但他已看開了，對於這幾年的際遇，曹天探深沉地望著雨後藍藍的天空，突然間深深地吸了一口氣，然後吐出細細長長的嘆息。

關鍵說明

一、把債權讓給子女要繳贈與稅

　　債務人用不動產或是其他的財物來抵償所欠的債務，是屬於有對價關係的給付，並沒有涉及到贈與的行為。在本案例中，債務人陳用力用土地來抵償債務，照理應該登記為債權人曹天探所有，但卻登記給債權人的兒子，這下子就變成了曹天探對兒子的贈與行為，符合遺產及贈與稅法視同贈與的規定，被國稅局查到，贈與稅自然就免不了。

二、不論「贈與」、「視同贈與」都要繳贈與稅

　　依照遺產及贈與稅法的規定，課徵贈與稅的贈與行為分為「一般贈與」、「視同贈與」二種。一般贈與是財產所有人以自己的財產，無償（沒有代價）給予他人，經受贈人同意受贈後，贈與就發生效力。但視同贈與是當事人間的財產、資金或債務等有移轉的事實，不論有沒有贈與的意思表示，只要符合遺產及贈與稅法視同贈與的規定，就會被國稅局課徵贈與稅。

三、債權無償移轉他人視同贈與

　　案例中陳用力以繼承的土地抵債，償付積欠曹天探多年的借款，曹天探如直接登記在自己名下也不會有贈與稅的產生，但他登記在他兒子小虎的名下時，就符合遺產及贈與稅法的規定，此經國稅局查獲後當然會發單要求曹天探補繳贈與稅。這種將債權直接移轉給小虎的情形，就是所謂的「視同贈與」。「視同贈與」在遺產及贈與稅的相關規定中，明列六項審核標準，曹天探將陳用力用作抵債的土地直接登記在兒子小虎名下，明顯涉及親子間的財產移轉，贈與稅也由此產生。

法律筆記

◎ **遺產及贈與稅法第5條**

財產之移動,具有左列各款情形之一者,以贈與論,依本法規定,課徵贈與稅:

一、在請求權時效內無償免除或承擔債務者,其免除或承擔之債務。

二、以顯著不相當之代價,讓與財產、免除或承擔債務者,其差額部分。

三、以自己之資金,無償為他人購置財產者,其資金。但該財產為不動產者,其不動產。

四、因顯著不相當之代價,出資為他人購置財產者,其出資與代價之差額部分。

五、限制行為能力人或無行為能力人所購置之財產,視為法定代理人或監護人之贈與。但能證明支付之款項屬於購買人所有者,不在此限。

六、二親等以內親屬間財產之買賣。但能提出已支付價款之確實證明,且該已支付之價款非由出賣人貸與或提供擔保向他人借得者,不在此限。

◎ **民法第309條**

依債務本旨,向債權人或其他有受領權人為清償,經其受領者,債之關係消滅。

持有債權人簽名之收據者,視為有受領權人。但債務人已知或因過失而不知其無權受領者,不在此限。

案例11

不是贈與也要繳贈與稅嗎？

錯誤觀念

財產移轉如果不是贈與行為就不用繳贈與稅。

正確觀念

財產或債務的移轉，不論當事人間有無贈與的意思表示，如果符合遺產及贈與稅法「視同贈與」規定，依法就必須申報繳納贈與稅。

生活小故事

「什麼！要我補繳贈與稅，＃％＆＊＃，搶錢嘛！我絕對不繳！絕不！」還宿醉未醒的王司空拿著剛從郵差手中收到的國稅局掛號信函，心裡不斷詛咒，嘴巴也一直碎碎唸著。突然間一陣冷風吹來，身體不禁打起冷顫，一低頭發現身上只穿了汗衫和短內褲，門外的水果攤旁還有數十隻眼睛睖著他瞧，王司空連忙將大門一甩，「碰」！

「老王……小聲一點啦！＃％＆＊※＆＊……」隔壁的阿六氣得大聲叫罵詛咒。

「你阿六是什麼東西？！你叫我關門小聲一點，我偏不！氣死你這個老東西，看你能對我怎樣？」王司空半拖拉著斷了一個

腳的拖鞋，一腳高一腳低地回到客廳，用力把屁股摔到沙發上，口中仍不斷咒罵，宿醉後的怒氣使他久禿的光頭不斷地發亮，而這顆燈泡底下的鷹勾鼻也像兩支大排氣管似的，呼呼地噴出陣陣的火花。

王司空的老婆阿好姐知道老伴的脾氣像掉入臭水溝裡的臭石頭一樣，臭硬得連推土機也無法碾碎，叫他東，他就偏要往西，剛結婚時阿好姐常因此氣到胃疼，經常上演跑回娘家的戲碼，就好像貓捉老鼠永遠就是那麼有趣！

但現在老了！也累了！跑也跑不動了！不過阿好姐也因此練出一身順著鼻子摸象的好功夫。

阿好姐嘴角的笑痕讓她不小心就陷入思緒當中，她記得有一次王司空不曉得生什麼氣，阿好姐好心叫他吃飯免得又餓壞肚子了，他就是不搭不理也不上飯桌，兩人也因此僵持著。

後來阿好姐知道，只要看到王司空頂上的禿頭像燈泡一樣一閃一閃時，她就會用相反的話對王司空說：「你不吃飯了吧？！那飯菜我就收到冰箱了……。」這時王司空一定立刻跳起來，嘴巴嘟囔著「誰說我不吃飯」！

此後，阿好姐只要想叫王司空作什麼事，她也總是用這樣的方式說「不要洗澡」、「不要睡覺」、「不要穿衣服」，每次都屢試不爽，阿好姐那鬼靈精怪的大女兒小敏也常在一旁暗暗竊笑，小敏常私底下告訴阿好姐說：「媽，妳就乾脆直接像阿拉丁神燈中的主角一樣，直接摩擦爸爸的光頭說，神燈！神燈！………就好了呀！」母女倆也常常因此笑成一團。

「登記在17歲獨子王鐵釘名下的新房子是我花錢買的，如果還要我再繳贈與稅，那房子不就更貴了，搶錢嘛！不繳！不繳！這筆錢我絕對不繳！我也不理你，看你們能對我怎麼樣！……」歪躺在沙發上的王司空仍氣呼呼地想著，客廳裡的光線也被映照

著一閃一閃的。

　　過了一段時間後，郵差再次把國稅局補稅加罰的通知書交到王司空手中，他打開看了第一眼以後，立刻雙腳一軟，踉踉蹌蹌地摔倒在地，一不小心滾入旁邊的大水溝中，人就昏死過去了。

關鍵說明

一、視同贈與與有十天補報贈與稅的機會

　　一般贈與是贈與人將財產無償地送給受贈人，經過受贈人同意受贈後，贈與就發生效力。這種贈與行為如果沒有申報贈與稅，被國稅局查到，不但要補稅，還要被處罰。但視同贈與是當事人間的財產或債務等有移轉的事實，不論當事人間有沒有贈與的意思表示，只要符合遺產及贈與稅法視同贈與的規定，就要申報贈與稅。不過視同贈與的當事人大多認為並不是贈與行為，不必申報贈與稅，以往曾發生過不少爭議。因此，財政部就規定國稅局如果查到視同贈與的案件時，必須通知當事人在十天內補報贈與稅，當事人如果在規定的時間內補報，只須補繳贈與稅，不會被處罰；不過當事人如果認為財產移轉是買賣、抵債或是其他原因，並不是贈與行為，沒有在國稅局通知的十天內補報贈與稅，一旦被國稅局課稅確定，除了須補徵贈與稅，還會被處以罰鍰。

二、視同贈與未補報贈與稅被補稅處罰

　　你猜脾氣臭硬的王司空為什麼會昏倒？按了第二次門鈴的郵差交給王司空的信件中到底寫著什麼？原來是因為王司空將新買的房子登記在兒子王鐵釘名下，因王鐵釘仍未成年，此事經國稅局查獲，國稅局發單要王司空補繳贈與稅，國稅局並要求他必須

在十天之內補申報贈與稅，固執的王司空根本未加以理會。所以在十天的補申報期限過後，國稅局再依相關稅法規定，除對王司空補徵贈與稅之外，並對他處以罰款。現實就是如此，真不知道王司空被救醒後的第一句話會講什麼？

法律筆記

◎ 遺產及贈與稅法第4條第2項

本法稱贈與，指財產所有人以自己之財產無償給予他人，經他人允受而生效力之行為。

◎ 遺產及贈與稅法第5條

財產之移動，具有左列各款情形之一者，以贈與論，依本法規定，課徵贈與稅：

一、在請求權時效內無償免除或承擔債務者，其免除或承擔之債務。

二、以顯著不相當之代價，讓與財產、免除或承擔債務者，其差額部分。

三、以自己之資金，無償為他人購置財產者，其資金。但該財產為不動產者，其不動產。

四、因顯著不相當之代價，出資為他人購置財產者，其出資與代價之差額部分。

五、限制行為能力人或無行為能力人所購置之財產，視為法定代理人或監護人之贈與。但能證明支付之款項屬於購買人所有者，不在此限。

六、二親等以內親屬間財產之買賣。但能提出已支付價款之確實證明，且該已支付之價款非由出賣人貸與或提供擔保向他人借得者，不在此限。

◎ **遺產及贈與稅法第5條之1**

信託契約明定信託利益之全部或一部之受益人爲非委託人者，視爲委託人將享有信託利益之權利贈與該受益人，依本法規定，課徵贈與稅。

信託契約明定信託利益之全部或一部之受益人爲委託人，於信託關係存續中，變更爲非委託人者，於變更時，適用前項規定課徵贈與稅。

信託關係存續中，委託人追加信託財產，致增加非委託人享有信託利益之權利者，於追加時，就增加部分，適用第一項規定課徵贈與稅。

前三項之納稅義務人爲委託人。但委託人有第七條第一項但書各款情形之一者，以受託人爲納稅義務人。

◎ **以贈與論課稅案件稽徵機關應先通知納稅人於十日內申報（財政部76年5月6日台財稅第7571716號函）**

依遺產及贈與稅法第5條規定，以贈與論課徵贈與稅之案件，稽徵機關應先通知當事人於收到通知後十日內申報，如逾限仍未申報，依同法第44條規定處罰。

◎ **遺產及贈與稅法第44條**

納稅義務人違反第二十三條或第二十四條規定，未依限辦理遺產稅或贈與稅申報者，按核定應納稅額加處二倍以下之罰鍰。

案例12

向繼母買房子，國稅局也來找麻煩

錯誤觀念

親屬間財產買賣可以不計較價格。

正確觀念

二親等親屬間財產買賣要小心成交價不可低於遺產及贈與稅法規定之價格。

生活小故事

蓮生姨看到米甕裡的米已剩不多了，心想今天晚上就煮地瓜稀飯吧！還好今天是萬發仔領工錢的日子，心想今天再不付清米店的賒欠，她也不敢再叫勇仔送米過來了！

回想起當初嫁給萬發仔時，雖然知道他賺的錢不多，萬發仔的前妻又留下一個5歲的男孩，但蓮生姨就是看上萬發仔的誠懇老實，也沒有什麼不良嗜好，她回想起前一段婚姻，前夫每次醉酒後的打罵都使她覺得痛不欲生，所以當蓮生姨照著鏡子看到右臉頰上的傷痕時，心裡頭總是又揪痛一次。

其實萬發仔也不是沒有缺點，因為他太樂觀的天性，常常忘了家裡除一個5歲的孩子蔡天福之外，蓮生姨肚子裡還有一個未出世的小女娃，「秀蘭」就是萬發仔在照顧他心愛的蘭花時為女

兒所取的名字。

　　萬發仔雖然知道他肩膀上的擔子又加重了，可是他每次一領到工錢就會不由自主地走進蘭花店帶回「肖想」多時的花種，再偷偷帶回家，蓮生姨雖苦勸萬發仔要為小孩的奶粉錢著想，他也只是左耳進右耳出，眼睛看到的是蘭花，心裡想的還是蘭花！

　　蓮生姨邊煮著稀飯，邊把親手作的醃瓜夾出一大碗，手中撿著地瓜葉的同時，口中也哼唱著鳳飛飛的「流水年華」，心裡想著萬發仔等一下把工錢領回來後，就趕快叫米店的勇仔送一斗米過來，順便把欠帳付清，明天一大早先去雜貨店，再去菜市場找賣菜義仔、豬肉嫂仔還⋯⋯。

　　就在蓮生姨輕哼著歌曲、身體不自覺輕輕擺動的同時，廚房後的窗戶外，卻有一盆含苞待放的蘭花騰空飛起，輕輕地、悄無聲息地、生怕被人瞧見地被拉往二樓後的陽台，萬發仔心裡興奮、激動、緊張得滿身汗水，像小偷一樣地拉著繩索。

　　當蓮生姨轉身拿起鍋鏟準備炒菜時，也瞧見了窗外。

　　蓮生姨隨即像一頭暴怒的老虎，口中不斷發出狂吼，撞倒了一堆鍋盆後急奔至二樓，正好看見萬發仔抱著剛吊起來的心愛蘭花在暗自竊笑。當他抬眼瞥見蓮生姨時，驚嚇到全身無法動彈，蓮生姨手中的鍋鏟也硬生生地飛插在萬發仔的腦門上，而鍋鏟的把手似乎仍在輕微地晃動著。

　　蓮生姨每次和繼子蔡天福聊起這些往事時，都會讓他們母子倆的心更加貼近一些，蔡天福心裡一直感謝蓮生姨從小無私地照顧，等他長大後，蔡天福幾次都想喊蓮生姨「媽」！但蔡天福羞澀的生性卻始終讓他將這句話含在嘴裡！

　　「天福仔，阿姨已經老了，我繼承來的這間厝雖然現值有2,200萬元，現在就算你1,000萬元，過戶給你，這筆錢就當作給阿姨養老，一部分也給你妹妹秀蘭當嫁妝了。」

　　蔡天福對蓮生姨的話一向不敢違逆，也樂意聽從，但以買賣方式將房子移轉給蔡天福後，蓮生姨沒想到必須多繳一筆贈與稅，她一直認為這並不合理！她和蔡天福沒有血緣關係啊！

關鍵說明

一、繼子女與繼父母間也有親屬關係

　　第一，繼母與夫前妻所生之子女間的親系及親等關係，依照民法規定為一親等直系姻親，屬於遺產及贈與稅法二親等以內親屬間的範疇。蔡天福與繼母蓮生姨之間因具有二親等以內親屬的關係，所以雙方買賣不動產就是視同贈與的行為，依照稅法規定，買受人必須提出已支付價款的確實證明及置產資金的來源證明，經國稅局審核確為買賣關係，才可以不必課徵贈與稅。本案例中，蔡天福僅以1,000萬元向繼母蓮生姨購買現值2,200萬元的不動產，由於差價過大被國稅局課徵贈與稅。第二，向繼母購買不動產的資金如果是以繼母蓮生姨的名義向金融機構貸款，再由繼母蓮生姨轉交買受人蔡天福作為購屋資金的來源，這種行為也涉及贈與，必須課徵贈與稅。

二、房子賣得太便宜要繳贈與稅

　　二親等以內親屬間買賣不動產，買賣的價格雖可稍微低於市場行情，但仍然不可以低於土地公告現值及房屋評定標準價格（房屋現值），否則一旦被國稅局查到，不動產現值與買賣成交價的差額部分要補徵贈與稅。

三、二親等以內親屬間財產買賣視同贈與

　　蓮生姨和繼子蔡天福雖然沒有血緣關係，但在民法的相關規

定中，兩人是被歸列爲一親等的直系姻親關係，簡單說，蓮生姨將現值2,200萬元的房子過戶到繼子蔡天福的名下，雖然蔡天福實際上也拿出1,000萬元作爲買賣的價金，但與房子的現值仍有1,200萬元的差距，國稅局會針對這1,200萬元的差額對蓮生姨提出補報贈與稅的要求。因此，對於親子間（二親等內）的財產移轉，依稅法規定，房子的最低買賣價格絕不可低於土地公告現值和房子的現值，故蓮生姨和繼子蔡天福之間的財產移轉明顯符合遺產及贈與稅法中「視同贈與」的情形，依規定須申報繳納贈與稅。

法律筆記

◎ **遺產及贈與稅法第5條**
財產之移動，具有左列各款情形之一者，以贈與論，依本法規定，課徵贈與稅：
一、在請求權時效內無償免除或承擔債務者，其免除或承擔之債務。
二、以顯著不相當之代價，讓與財產、免除或承擔債務者，其差額部分。
三、以自己之資金，無償爲他人購置財產者，其資金。但該財產爲不動產者，其不動產。
四、因顯著不相當之代價，出資爲他人購置財產者，其出資與代價之差額部分。
五、限制行爲能力人或無行爲能力人所購置之財產，視爲法定代理人或監護人之贈與。但能證明支付之款項屬於購買人所有者，不在此限。
六、二親等以內親屬間財產之買賣。但能提出已支付價款之確實

證明，且該已支付之價款非由出賣人貸與或提供擔保向他人
借得者，不在此限。

◎**遺產及贈與稅法第10條**

遺產及贈與財產價值之計算，以被繼承人死亡時或贈與人贈與時
之時價為準；被繼承人如係受死亡之宣告者，以法院宣告死亡判
決內所確定死亡日之時價為準。

本法中華民國八十四年一月十五日修正生效前發生死亡事實或贈
與行為而尚未核課或尚未核課確定之案件，其估價適用修正後之
前項規定辦理。

第一項所稱時價，土地以公告土地現值或評定標準價格為準；房
屋以評定標準價格為準；其他財產時價之估定，本法未規定者，
由財政部定之。

◎**民法第967條**

稱直系血親者，謂己身所從出或從己身所出之血親。

稱旁系血親者，謂非直系血親，而與己身出於同源之血親。

◎**民法第968條**

血親親等之計算，直系血親，從己身上下數，以一世為一親等；
旁系血親，從己身數至同源之直系血親，再由同源之直系血親，
數至與之計算親等之血親，以其總世數為親等之數。

◎**民法第969條**

稱姻親者，謂血親之配偶、配偶之血親及配偶之血親之配偶。

◎**民法第970條**

姻親之親系及親等之計算如左：

一、血親之配偶，從其配偶之親系及親等。

二、配偶之血親，從其與配偶之親系及親等。

三、配偶之血親之配偶，從其與配偶之親系及親等。

◎**二親等以內之親屬包括血親及姻親（財政部62年9月27日台財**

　　稅第37355號函）

遺產及贈與稅法第5條第6款所謂三親等（編者註：現行法修正爲二親等）以內親屬，係包括血親及姻親。

◎ **向繼母購買不動產如無法提出支付價款之證明應課徵贈與稅（財政部66年7月29日台財稅第34950號函）**

依民法第969條及第970條第1款規定，父續娶之妻，係前妻所生之子之一親等直系姻親，故後妻將不動產出售與前妻所生之子，係屬遺產及贈與稅法第5條第6款前段所規定之三親等（編者註：現行法修正爲二親等）以內親屬間之財產買賣，除當事人能提出支付價款之確實證明者外，應依該法第5條第6款及第24條之規定（編者註：現依先行通知限期補報之規定辦理），申報贈與稅。

案例13

為什麼用公司票付款也要繳贈與稅？

錯誤觀念

老闆可以用公司的錢來支付私人的款項。

正確觀念

法人（公司）與自然人（個人）各為權利義務的主體，尤其在資金運用上應各自獨立，不可混為一談。

生活小故事

叩！叩！叩！叩！……。

跟鞋的聲音由遠而近，莊明星立即眉頭緊鎖、嘴角一垮，不屑和刻意隱藏的怨恨不經意地洩露出來。

他知道是兒子小華回來了，莊明星不願此時看到小華，轉頭對著太太美麗說：「小華開店的事不要再談了！我不同意！我也不可能再拿錢出來，他要開店當老闆，妳至少先叫他像個人樣吧！光聽到他叩！叩！叩！的聲音，我整個人都快要瘋掉了，真不曉得我上輩子造了什麼孽……！」

莊明星拿起未看完的報紙快速地轉身走進廁所內，……「碰」！（馬桶知道主人又發脾氣了，但它還是無處可躲……。）

「媽！我回來了！」莊小華轉身脫掉身上自以為帥氣的披風，「又～好熱！」「知道天氣熱還穿著披風幹嘛！」美麗憐愛地數落著兒子小華。

「媽！妳不懂啦！騎重型機車就是要穿上披風才帥啊！我朋友Johnson也有一件呢！媽，你不知道我們兩個騎著一黑一白的重型機車在路上狂飆，妳說有多帥就有多帥！」小華隨即用一個優雅的轉身將身體摔進沙發裡。

「你騎車也慢一點啊！上個月媽才又幫你繳了三張超速的罰單，這個月才8號而已，又收到一張闖紅燈的罰單，你不要再嚇媽了吧！去年車禍，你在醫院裡住了一個多月，難道你忘了嗎？」美麗很擔心一不小心就會失去這個兒子，每天總是想盡辦法，就是要多留小華在家裡一會兒。

「哎！不要再講這些了啦！我要開重型機車店的事，爸到底同意了沒？他願不願意拿錢出來『投資』！」

「『投資』？你講那麼好聽！你前年開咖啡店時你也這樣說！結果咧！……」

「『投資』？投海還差不多吧！……」

「『投資』？以前你開的漫畫店和公仔店都不去說它了，去年初，又讓你開了模型玩具店，你說車禍受傷住院又把店收掉了，怎麼！今年更長志氣了，來真的了！……」

美麗嘴巴叨唸著小華，也邊想著老公剛剛對她說的話，她不禁搖搖頭，看著穿著皮衣、皮褲的小華，頭頂上紮著一束馬尾，兩邊剃光的頭皮上還精刻著兩條閃電，左耳上的鑲鑽耳環，右手臂上的刺青……。

去年小華住院時，美麗無意間看到兒子背上到大腿間的大幅刺青後，她驚嚇得說不出話來，所以此後只要小華是穿著衣服時，他的裝扮都再也嚇不倒美麗了，但是這件事她卻不敢讓老公

莊明星知道。

「好了吧！如果爸不給我錢，妳以前給我的未上市股票看爸要不要？就當作賣給他，爸應該沒話說吧！」小華抱著美麗輕搖著身軀撒嬌地說著。

真是一物剋一物，莊明星實在拗不過太太美麗的糾纏，每次莊明星都告訴她：「這是幫小華的最後一次了！」莊明星實在怕小華愈玩愈「海」，從漫畫店、公仔店、咖啡店、模型玩具店到現在的重型機車店，下次……，莊明星已經不敢再往下想了。

「叫小華搬出去！」「叫他立刻給我滾出去！」莊明星對著太太美麗一陣咆哮，搶起桌上的報紙重踹著木質地板，狠狠地往廁所走去。

因為小華要開的是重型機車店，莊明星自己私人的帳戶中沒有那麼多錢，遂開出自己公司的支票買下小華手中的未上市股票，卻被國稅局查出要他補繳贈與稅。

莊明星恨上加恨！簡直氣瘋了，狠狠地甩上廁所的門。

關鍵說明

一、公司與個人是不同的權利主體

法人跟自然人各有各的權利能力，在法律上是不同的行為個體。莊明星向兒子莊小華買股票，卻用自己公司的支票開給兒子莊小華，雖然莊明星是公司的老闆，但事實上莊小華的股票是賣給他的爸爸莊明星而不是賣給莊明星負責的公司，莊明星就錯在買股票的資金流程規劃不當，才會引來贈與稅的負擔。

二、怎麼付款才不會有贈與稅產生

　　資金的來源、資金的流程及資金的流向是規劃贈與稅時的三個重要方向，贈與人如果一不小心，就可能要花錢才能消災。在本案例中，莊明星如果能以個人名義的支票開立給兒子莊小華或是把買賣股票的款項由自己的金融機構帳戶轉帳給兒子莊小華，日後在對國稅局舉證的時候，買賣股票的資金流程就不會有問題。

三、資金來源、資金流程及資金流向是國稅局查核重點

　　雖然公司是莊明星自己設立的公司，莊明星覺得公司的支票也等於是他自己的支票，但以私人名義買下兒子莊小華的未上市股票，而以公司的支票支付這筆款項，國稅局會認定莊明星與莊小華之間有涉及贈與行為，經查證屬實後，當然會發單課徵贈與稅。莊明星可能不知道，國稅局在審核贈與稅時，會對他的資金來源、資金流程和資金流向仔細查核，莊明星的資金來源及流向都沒有問題，但資金的流程卻發生不該有的疏忽，他不該左手以私人名義買下小華的股票，卻用右手簽出公司的支票，雖然他是公司的負責人。

法律筆記

◎ **遺產及贈與稅法第4條第1、2項**
本法稱財產，指動產、不動產及其他一切有財產價值之權利。
本法稱贈與，指財產所有人以自己之財產無償給予他人，經他人允受而生效力之行為。
◎ **遺產及贈與稅法第5條**
財產之移動，具有左列各款情形之一者，以贈與論，依本法規

定，課徵贈與稅：

一、在請求權時效內無償免除或承擔債務者，其免除或承擔之債務。

二、以顯著不相當之代價，讓與財產、免除或承擔債務者，其差額部分。

三、以自己之資金，無償爲他人購置財產者，其資金。但該財產爲不動產者，其不動產。

四、因顯著不相當之代價，出資爲他人購置財產者，其出資與代價之差額部分。

五、限制行爲能力人或無行爲能力人所購置之財產，視爲法定代理人或監護人之贈與。但能證明支付之款項屬於購買人所有者，不在此限。

六、二親等以內親屬間財產之買賣。但能提出已支付價款之確實證明，且該已支付之價款非由出賣人貸與或提供擔保向他人借得者，不在此限。

案例14

財產交叉移轉給子女扯上贈與稅

錯誤觀念

　　將財產利用多角方式移轉到子女名下，國稅局就查不到。

正確觀念

　　財產移轉子女要節稅，應請教專業人士循合法途徑才不會有後遺症產生。

生活小故事

　　「……喳甫郎那40歲就剩一隻嘴啦！……」何大炮新買的電視機仍盡職地播著廣告，但他的眼睛望著電視，整個人卻像離了魂似地想著心事。

　　「我怎麼跟李仔交代呢？如果不是我太雞婆，叫李仔學我將新房子直接登記到他兒子名下，今天我也不必天天躲在家裡不敢出門，本來我以為這樣作就可以省下一筆贈與稅，但事情卻和我所想的完全不一樣，我何大炮一世英名就這樣毀了嗎？……」

　　「……這──要──叫──我──如何是好──呀！……」何大炮仍然失神地望著電視，但突然間看到電視中的楊麗花向他抖動著雙指，聲音顫唱著這句歌仔戲詞時，何大炮心神也跟著愣了一下，隨即嘴角開始微微上揚，一睜眼又突然睜大著眼

睛，何大炮身體也因興奮、歡喜而微微抖動著。

「這樣作應該可以把事情辦成！不僅我不用再躲在房間裡，李仔也完全不會再怪罪我了，雖然他的那筆贈與稅仍然要繳，但是我沒收聘金，我也有損失啊！他應該沒話說了吧！而且成了兒女親家後，李仔根本不好意思再提了吧！」何大炮心裡愈想愈得意，不禁抖動著二郎腿，開心地笑了。

何大炮想到他的大女兒阿雪和李仔的大漢後生添壽仔，他知道阿雪和添壽仔從小就很要好，添壽仔這個囝仔他也覺得不錯，何大炮的老伴春綢仔也跟他提過幾次，春綢說，如果他點頭答應，添壽仔他們家就會立刻找媒婆過來提親，但何大炮總捨不得阿雪那麼早嫁人，不過這次他不點頭也不行了。

「李仔，我們以後就是親家了，你也不要亂想，大家也不要太計較，阿雪的聘金我也不跟你收了！……」何大炮又找回他的高分貝音量痛快地談著女兒的婚事。

「炮哥仔，你講的『甘有影』？你要是講真的，我們就趕緊挑個好日子準備迎娶了……。」李仔一直笑開著嘴，也忘了贈與稅的事了。

李仔雖然依約沒有給何大炮聘金，但他私底下卻塞給何大炮一盒藍色小藥丸，兩人也心照不宣，何大炮也勸李仔跟他一起買進一支未上市股票，因該支股票隨即漲了1倍，兩人從此以後更幾乎形影不離，手牽著手像一對老情人似的。

至於春綢仔每天忙得更起勁了，對她來說等於是雙喜臨門……。

「天壽喔！春綢仔妳最近好像比較漂亮喔！妳是吃到什麼藥？」隔壁秋菊仔在春綢仔的雜貨店裡挑著雞蛋，口中隨意地和春綢仔調笑著，秋菊仔卻不知道她無心的一句話，著實讓春綢仔

羞紅著臉，一顆心也不斷地奔跳著……。

日子過得很快，對於何大炮和親家李仔各自手中的100萬股未上市股票，何大炮向李仔提議，以每股35元把各自手中的股票以買賣的方式移轉到對方子女的名下，何大炮以為這樣就不會有贈與稅的問題了，結果……何大炮卻又再次愧疚地躲進房間裡。

何大炮房間裡的電視機也剛好重播著歌仔戲天王楊麗花的戲曲……「……這 —— 要 —— 叫 —— 我 —— 如何是好 —— 呀！……」

關鍵說明

一、財產多角移轉給子女惹稅上身

把財產沒有代價地移轉給別人就是贈與的行為。以往有不少人以「三角移轉」或「交叉移轉」的方式，移轉財產給自己的子女，藉以逃避贈與稅的課徵，這種以虛偽買賣來達到實際贈與的行為，並非合法的節稅途徑。這類案件經國稅局調查比對後，大多可以發現當事人間並沒有實際地支付買賣價款，純粹是以「假買賣」的方式規避贈與稅，事後當事人不僅會被補徵贈與稅，還可能面臨應納稅額2倍以下的罰鍰。

二、股票交叉移轉子女名下「稅」跑不掉

何大炮和李仔為了躲避贈與稅，雙方協議將各自手中100萬股的未上市股票移轉到對方子女名下，企圖以買賣的方式來避稅，這樣的方式就是所謂的「交叉移轉」，但這並不是一個正確的節稅方式，不僅極容易被國稅局查出，可能還會遭到罰款。

法律筆記

◎ 遺產及贈與稅法第4條第1、2項

本法稱財產，指動產、不動產及其他一切有財產價值之權利。

本法稱贈與，指財產所有人以自己之財產無償給予他人，經他人允受而生效力之行為。

◎ 遺產及贈與稅法第5條

財產之移動，具有左列各款情形之一者，以贈與論，依本法規定，課徵贈與稅：

一、在請求權時效內無償免除或承擔債務者，其免除或承擔之債務。

二、以顯著不相當之代價，讓與財產、免除或承擔債務者，其差額部分。

三、以自己之資金，無償為他人購置財產者，其資金。但該財產為不動產者，其不動產。

四、因顯著不相當之代價，出資為他人購置財產者，其出資與代價之差額部分。

五、限制行為能力人或無行為能力人所購置之財產，視為法定代理人或監護人之贈與。但能證明支付之款項屬於購買人所有者，不在此限。

六、二親等以內親屬間財產之買賣。但能提出已支付價款之確實證明，且該已支付之價款非由出賣人貸與或提供擔保向他人借得者，不在此限。

◎ 遺產及贈與稅法第44條

納稅義務人違反第二十三條或第二十四條規定，未依限辦理遺產稅或贈與稅申報者，按核定應納稅額加處二倍以下之罰鍰。

◎遺產及贈與稅法施行細則第28條

凡已在證券交易所上市（以下簡稱上市）或證券商營業處所買賣（以下簡稱上櫃或興櫃）之有價證券，依繼承開始日或贈與日該項上市或上櫃有價證券之收盤價或興櫃股票之當日加權平均成交價估定之。但當日無買賣價格者，依繼承開始日或贈與日前最後一日該項上市或上櫃有價證券之收盤價或興櫃股票之加權平均成交價估定之，其價格有劇烈變動者，則依其繼承開始日或贈與日前一個月內該項上市或上櫃有價證券各日收盤價或興櫃股票各日加權平均成交價之平均價格估定之。

有價證券初次上市或上櫃者，於其契約經證券主管機關核准後至掛牌買賣前，或登錄為興櫃股票者，於其契約經證券櫃檯買賣中心同意後至開始櫃檯買賣前，應依該項證券之承銷價格或主辦輔導推薦證券商認購之價格估定之。

◎遺產及贈與稅法施行細則第29條

未上市、未上櫃且非興櫃之股份有限公司股票，除第二十八條第二項規定情形外，應以繼承開始日或贈與日該公司之資產淨值估定，並按下列情形調整估價：

一、公司資產中之土地或房屋，其帳面價值低於公告土地現值或房屋評定標準價格者，依公告土地現值或房屋評定標準價格估價。

二、公司持有之上市、上櫃有價證券或興櫃股票，依第二十八條規定估價。

前項所定公司，已擅自停業、歇業、他遷不明或有其他具體事證，足資認定其股票價值已減少或已無價值者，應核實認定之。

非股份有限公司組織之事業，其出資價值之估價，準用前二項規定。

案例15

股票便宜賣，引來國稅局要「稅」

錯誤觀念

親屬間股票買賣有支付價金，只要繳證券交易稅就可以不必再繳贈與稅。

正確觀念

買賣未上市或未上櫃股票要注意股票成交價是否低於該公司的資產淨值。

生活小故事

莊小華在父親莊明星盛怒之下被趕出家門後，不斷抱怨父親莊明星把應該給他的錢七折八扣，拿到手的錢根本少得可憐，不過他認為至少他的母親美麗還是會幫他的，但這事卻要等他父親氣消了，才能再偷偷溜回去一趟，順便把那件心愛的帥氣披風拿出來⋯⋯。

莊小華懊惱地想著，他的父親莊明星甚至還指著他的鼻子說：「你以前開過的漫畫店、公仔店、咖啡店、模型玩具店，每一次都是我拿錢給你的，既然你說要把股票賣給我，那好！大家把帳算清楚！扣除之前已經賠掉的錢，我就只能給你500萬元，你愛要不要！」

　　莊小華認為自己真是衰到極點。「股票你拿去了，應該給我的錢你又扣到只剩500萬元，這些我也認了，但是你因自己的疏忽而必須要繳納的那筆贈與稅，卻也怪罪到我的身上，這講不過去吧！誰叫你把錢搞得不清不楚……」但誰叫莊明星是他的父親呢！莊小華心裡再次想到開重型機車店的事，籌不出足夠錢，他朋友Johnson不曉得會如何對待他？

　　莊小華現在最在意的就是Johnson了，莊小華實在不敢跟他說籌不到錢，當初兩人從玩重型機車認識後，也慢慢談到開店的事，Johnson說他玩車玩這麼久了，一直想開一家重型機車店，莊小華為了想和Johnson進一步交往，於是跟Johnson說，兩人合夥而錢由他來籌。

　　「我手中也沒那麼多錢，如果你真要開重型機車店，那就把你手中還剩下的100萬股未上市股票賣給你哥大華吧！」「但大華不是最聽爸爸的話嗎？他會拿出錢來買這些股票？我很懷疑！」小華趁父親莊明星不在家的時候偷溜回家裡，和母親美麗商議籌錢開店的事。

　　美麗看著兒子莊小華，心想是不是太溺愛這個孩子了，她懷著小華時一直希望他是個女孩，但天不從人願，雖然一直覺得有些遺憾，可是一樣是她的小孩啊！

　　她回憶起小華出生時難產，經醫生緊急剖腹才把小華救活這件事。「一個母親對於孩子的愛，誰都一樣啊！能怪我嗎？」美麗心想。

　　「你哥是個見錢眼開的人，你只要便宜賣給他，你以為大華會不要嗎？況且還有媽幫你說情呢！你還怕什麼？」其實莊小華根本不在意他手中的股票能賣得高或低，他也不瞭解市場行情，他只要求在最短的時間內籌出一筆資金就好，能賣多少錢他根本

無所謂，反正他手中的股票也是多年來父母親給他的。

　　莊小華手中的100萬股未上市股票在母親的協調下，把每股淨值45元的股票，以每股20元的低價賣給哥哥莊大華。莊小華很高興地將這筆錢雙手捧給他的朋友Johnson後，他的重型機車店卻仍然沒有開成。

　　在莊小華正忙著開店的事情時，國稅局卻先一步找上莊小華，並要他對股票高價低賣一事補報贈與稅，莊小華這下子似乎又更忙了。

關鍵說明

一、財產成交價低於稅法規定，要繳贈與稅

　　財產的買賣不論買賣雙方有沒有親屬關係，如果實際成交的價格和遺產及贈與稅法規定的價格相差太大時，就要小心遺產及贈與稅法裡面「以顯著不相當之代價讓與財產」的視同贈與規定。不動產贈與的價值計算是以現值來計算，上市及上櫃公司股票是以贈與日的收盤價計算，對於未上市、未上櫃的公司股票，則是以該未上市、未上櫃公司贈與日的資產淨值計算。

二、「顯著不相當之代價讓與財產」怎麼認定

　　何謂以顯著不相當之代價讓與財產？在遺產及贈與稅法規定中並沒有明確的認定標準，這點經常成為納稅義務人跟國稅局爭執的焦點。不過財產買賣的成交價如何，最好參考遺產及贈與稅法及其施行細則當中對財產的計價規定，如果成交價低於稅法規定情形時，就要當心會不會有贈與稅的問題。

三、造成未上市股票淨值高、市價低的因素

　　造成未上市、未上櫃股票資產淨值高過成交價格的原因很多，可能是當事人為了節稅或該公司經營績效不好或是景氣差股價接連下跌的結果，所以對於未上市或未上櫃公司的股票移轉，千萬要特別小心，否則可能會出現贈與稅的煩惱。

四、「資產淨值」怎麼算

　　國稅局在計算未上市、未上櫃公司股票的資產淨值時，除依據該公司的資產淨值，即當日資產負債表的資產總額與負債總額的差額（股東權益）之外，對於該公司的未分配盈餘、資產中的不動產及轉投資持有的上市、上櫃或經核准上市、上櫃的公司股票，其價值的計算必須再重新評估。因此，有時每股淨值經過國稅局調整後，與該公司帳上所計算的資產淨值會有差距，這點務必要特別小心，萬一差距很大時，就有可能會有贈與的問題。

五、未上市、未上櫃股票買賣要小心淨值計算

　　國稅局是以遺產及贈與稅法中「以顯著不相當之代價讓與財產」的規定，認定莊小華高價低賣的情形有涉贈與的行為，於是發單要求莊小華補報贈與稅。莊小華手中的100萬股未上市股票，以每股20元的價格賣給哥哥莊大華，雖然莊小華也依成交價繳納證券交易稅，可是國稅局查獲在股票過戶時，該未上市公司股票的淨值應該是45元，他卻只以每股20元賣給莊大華，國稅局認為並不合理，故依規定將其中的差額視同贈與行為，而要莊小華補報贈與稅。

法律筆記

◎ 遺產及贈與稅法第5條

財產之移動，具有左列各款情形之一者，以贈與論，依本法規定，課徵贈與稅：

一、在請求權時效內無償免除或承擔債務者，其免除或承擔之債務。

二、以顯著不相當之代價，讓與財產、免除或承擔債務者，其差額部分。

三、以自己之資金，無償為他人購置財產者，其資金。但該財產為不動產者，其不動產。

四、因顯著不相當之代價，出資為他人購置財產者，其出資與代價之差額部分。

五、限制行為能力人或無行為能力人所購置之財產，視為法定代理人或監護人之贈與。但能證明支付之款項屬於購買人所有者，不在此限。

六、二親等以內親屬間財產之買賣。但能提出已支付價款之確實證明，且該已支付之價款非由出賣人貸與或提供擔保向他人借得者，不在此限。

◎ 遺產及贈與稅法第24條

除第二十條所規定之贈與外，贈與人在一年內贈與他人之財產總值超過贈與稅免稅額時，應於超過免稅額之贈與行為發生後三十日內，向主管稽徵機關依本法規定辦理贈與稅申報。

贈與人為經常居住中華民國境內之中華民國國民者，向戶籍所在地主管稽徵機關申報；其為經常居住中華民國境外之中華民國國民或非中華民國國民，就其在中華民國境內之財產為贈與者，向中華民國中央政府所在地主管稽徵機關申報。

◎ 遺產及贈與稅法施行細則第28條

凡已在證券交易所上市（以下簡稱上市）或證券商營業處所買賣（以下簡稱上櫃或興櫃）之有價證券，依繼承開始日或贈與日該項上市或上櫃有價證券之收盤價或興櫃股票之當日加權平均成交價估定之。但當日無買賣價格者，依繼承開始日或贈與日前最後一日該項上市或上櫃有價證券之收盤價或興櫃股票之加權平均成交價估定之，其價格有劇烈變動者，則依其繼承開始日或贈與日前一個月內該項上市或上櫃有價證券各日收盤價或興櫃股票各日加權平均成交價之平均價格估定之。

有價證券初次上市或上櫃者，於其契約經證券主管機關核准後至掛牌買賣前，或登錄為興櫃股票者，於其契約經證券櫃檯買賣中心同意後至開始櫃檯買賣前，應依該項證券之承銷價格或主辦輔導推薦證券商認購之價格估定之。

◎ 遺產及贈與稅法施行細則第29條

未上市、未上櫃且非興櫃之股份有限公司股票，除第二十八條第二項規定情形外，應以繼承開始日或贈與日該公司之資產淨值估定，並按下列情形調整估價：

一、公司資產中之土地或房屋，其帳面價值低於公告土地現值或房屋評定標準價格者，依公告土地現值或房屋評定標準價格估價。

二、公司持有之上市、上櫃有價證券或興櫃股票，依第二十八條規定估價。

前項所定公司，已擅自停業、歇業、他遷不明或有其他具體事證，足資認定其股票價值已減少或已無價值者，應核實認定之。

非股份有限公司組織之事業，其出資價值之估價，準用前二項規定。

案例16

把徵收補償費轉給子女，國稅局怎麼會知道？

錯誤觀念

現金轉存親屬帳戶，只要不張揚，國稅局不會知道。

正確觀念

父母將現金贈與子女，每年每人只有244萬元額度，超過部分就必須申報繳納贈與稅。

生活小故事

阿土伯又是一個人孤零零地吃著晚飯，桌上擺滿著各式罐頭、脆瓜、茄汁魚罐頭、麵筋、肉醬，肉醬的左側還擺著一大罐豆腐乳，而肉醬的後面也擺著兩罐未打開的醃土豆，再仔細一瞧，打開的肉醬罐頭邊緣已有些發黑，放在肉醬前面的麵筋和茄汁魚罐頭似乎也是黑黑白白的，客廳裡還有幾隻貪戀的金頭蒼蠅不斷地飛舞著。

「唉……」阿土伯深深嘆了一口氣，緩緩放下碗筷，對不斷飛舞的金頭蒼蠅也視若無睹，他順手拿起放在罐頭旁一支已點燃的香菸，深深地吸了一口後，再隨意彈掉菸灰，地板上的菸蒂已快要將地板淹沒了，實在找不出一處還乾淨的地方，阿土伯身上

的白色汗衫也似乎沾滿著香菸灰，全身灰濛濛的。

「唉……」阿土伯再深嘆一口長氣，「如果金鳳仔還在……。」

「唉！……我希望金鳳仔還能回來……，如果她還願意原諒我，再回到這個家，我也不管大兒子銀樹仔的反對了，只要金鳳仔願意，我一定要和她結婚……。」

「失禮啦！我不是故意要偷捉你的雞，而是我跟孩子都太餓了……」阿土伯回想起金鳳仔闖入他的農舍偷雞的往事，當時金鳳仔身邊帶著才5歲大的兒子明宏，全身髒黑得好像一個月沒洗澡的樣子，那時的明宏也餓得只剩皮包骨了，阿土伯遂好心地收留了她們母子倆。

阿土伯的老伴早已不在了，看到金鳳仔吃飽飯，全身梳洗好後，換上她老伴留下的乾淨衣服，阿土伯眼睛為之一亮，他覺得金鳳仔長得不算太差，只是因常挨餓，身體非常瘦弱，後來瞭解他丈夫剛車禍過世，她因躲債才帶著小孩到處流浪……，阿土伯可憐金鳳仔的遭遇，遂留下她們母子暫時住下來，漸漸地有了感情後，也就住在一起了。

這一、二十年間，金鳳仔也很感激阿土伯，她認為阿土伯是她的大恩人，所以也總是盡力地服侍阿土伯，生活條件雖然很節儉，卻也很少聽到金鳳仔抱怨什麼，但政府徵收了阿土伯的一筆土地，他領到了2億元的土地補償費後，兩人之間的關係一下子爆開了裂痕。

「我跟了你一、二十年從來不抱怨什麼，但你卻沒有留半毛錢給我跟明宏，你到底把我們母子倆當作什麼！」金鳳仔那次憤而離家後，阿土伯也覺得對不起她，阿土伯領到2億元的補償費後，覺得自己年紀大了，怕死後子女要繳納鉅額的遺產稅，所以就將這筆補償費全部轉存到他幾個親生子女的銀行帳戶，這一點

不但引起金鳳仔不滿，還被國稅局查到，除了補徵贈與稅，還被罰款。

「唉！……金鳳仔如果還願意回來，實在比那2億元還重要，至少我不會那麼孤單了……。」陷入深思懊悔中的阿土伯漸漸紅了眼眶……。

「碰！」「我一不在家，家裡就髒得跟垃圾場一樣……！」金鳳仔一進門後就拿起掃把掃地……「走開啦！」阿土伯泛紅的眼睛看著金鳳仔，嘴巴卻一直笑，一直笑，一直笑，一直笑著……。

關鍵說明

一、地主領到土地徵收補償費被國稅局列管

由於台灣的地價高漲，地主的土地一旦被政府徵收，徵收補償費領得少，也有個幾十萬元、幾百萬元，如果領得多，幾千萬元、幾億元也大有人在。國稅局對於這些領到鉅額補償費的地主，一向都特別留意。套句行政機關的術語，叫作「列管」。根據稅捐機關以往的經驗，不少繳納贈與稅的大戶就是出自這些不諳稅法的地主。有句話說：「螳螂捕蟬，黃雀在後。」若不稍加留意，剛領到的這筆錢可能又會回歸國庫。

二、國稅局怎麼知道阿土伯的錢轉給子女

通常稅捐機關運用的策略是「守株待兔」。如果阿土伯將領到的這筆2億元的土地徵收補償費放在銀行定存，用年利率1%來計算，阿土伯一年應該會有200萬元的利息所得。但是阿土伯把這筆錢轉存到子女的帳戶裡，這筆利息所得在阿土伯的綜合所得稅申報資料中就不會出現，反而是阿土伯的子女會多出這些利息

所得。證據就出現了，稅捐機關根本不用經常去調查阿土伯的錢到底還在不在？從綜合所得稅的申報資料中，就可以很簡單地查到阿土伯的錢跑到哪裡。

三、土地徵收補償費為什麼要轉給子女

地主領到鉅額的土地徵收補償費，有二種情形可能會被課徵贈與稅：

(一) 預作遺產安排

就像阿土伯一樣，一不小心就踩到贈與稅的地雷。不但要補稅，而且還要被處罰。阿土伯送2億元給他的子女，因為沒有申報贈與稅，被國稅局查到，除贈與稅以外還會加處2倍以下的罰鍰，這般連補帶罰的後果，可能會是一筆不少的數目，真是可惜！

(二) 降低所得稅的負擔

有些地主把領到的土地徵收補償費定存在銀行，結果發現，所領到的利息要繳40%的所得稅。於是為了要節稅，就把存在銀行的錢，分散存到子女們的銀行戶頭裡。這樣也很容易被國稅局查到，免不了補稅處罰。

四、突然得到大筆財產要小心處理

如果你或是你的親朋好友突然得到一大筆財產，或是處分財產收到一大筆現金，這個時候可能就已經被國稅局列管了，這些資金或財產的移轉千萬要特別小心，免得被國稅局補稅處罰，那可就損失慘重了。

五、徵收補償費移轉子女名下要報繳贈與稅

其實像阿土伯這種突然獲得鉅額土地徵收補償費的人，一般

都會被國稅局注意和列管，只要一疏忽或不注意，自己的荷包都將大失血。阿土伯因年紀大了，很容易會想到預作遺產安排，所以當他把這2億元的土地徵收補償費全部移轉到幾個親生子女的帳戶後，不但惹惱了金鳳仔，還被國稅局補稅處罰，阿土伯真是痛上加痛！還好，雖然阿土伯損失了大部分的錢，但金鳳仔還是願意回來。

法律筆記

◎ 遺產及贈與稅法第4條第2項

本法稱贈與，指財產所有人以自己之財產無償給予他人，經他人允受而生效力之行為。

◎ 遺產及贈與稅法第19條第1項

贈與稅按贈與人每年贈與總額，減除第二十一條規定之扣除額及第二十二條規定之免稅額後之課稅贈與淨額，依下列稅率課徵之：

一、二千五百萬元以下者，課徵百分之十。

二、超過二千五百萬元至五千萬元者，課徵二百五十萬元，加超過二千五百萬元部分之百分之十五。

三、超過五千萬元者，課徵六百二十五萬元，加超過五千萬元部分之百分之二十。

◎ 遺產及贈與稅法第22條

贈與稅納稅義務人，每年得自贈與總額中減除免稅額二百二十萬元。

（編者註：自111年1月1日起贈與免稅額按物價指價調整為244萬元。）

◎ **遺產及贈與稅法第24條**

除第二十條所規定之贈與外，贈與人在一年內贈與他人之財產總值超過贈與稅免稅額時，應於超過免稅額之贈與行為發生後三十日內，向主管稽徵機關依本法規定辦理贈與稅申報。

贈與人為經常居住中華民國境內之中華民國國民者，向戶籍所在地主管稽徵機關申報；其為經常居住中華民國境外之中華民國國民或非中華民國國民，就其在中華民國境內之財產為贈與者，向中華民國中央政府所在地主管稽徵機關申報。

◎ **遺產及贈與稅法第44條**

納稅義務人違反第二十三條或第二十四條規定，未依限辦理遺產稅或贈與稅申報者，按核定應納稅額加處二倍以下之罰鍰。

案例17

親屬間金錢「借貸」怎麼避開贈與稅？

錯誤觀念

親屬間金錢的借貸並非贈與行為，沒有贈與稅的問題。

正確觀念

親屬間金錢的「借貸」關係要有充分證據才不會被國稅局認定是贈與行為。

生活小故事

「啊！……痛！」淑美緊蹙著眉頭，右手撫摸著肚子，並對著肚子裡的雙胞胎兄弟輕柔地說著：「志忠、志孝不要再淘氣了，你們知道媽媽很辛苦的！」淑美低頭看著自己的肚子，她知道志忠和志孝兩兄弟又開始頑皮了，淑美感覺到自己的肚皮一下子像魚缸中的魚游來游去，一下子又像波浪般此起彼落地滾動，有時候還有不自主的神經抽動……，這些淑美都甘之如飴，只要能順利產下這對雙胞胎兄弟，多一些些痛她都願意忍受。

像平常一樣，每次晚飯過後，志忠和志孝動得特別厲害，似乎在淑美把晚餐吃下肚子以後，兩兄弟就開始搶食，這就像把吐司丟入水池中餵魚一樣，淑美的肚皮一直規律地跳動著，她感覺到志忠、志孝所引發的胎動，開始有蝴蝶飛舞的感覺時，淑美知

道兩兄弟吃飽了，接下來就是講故事的時間了。

「好好好！你們兩個要乖乖哦！乖乖的，媽媽才給你們講故事哦！」說也奇怪，淑美一講完這些話後，她的肚皮就真的靜悄悄地，就好像兩個聽話的孩子搬著兩張小板凳安靜坐下來，並仰頭睜大眼睛所表現出來的那種期待。

「好！真乖！今天媽媽就給你們講一個有關baby的網路笑話好了。」淑美雙手輕撫著肚子接著說：

「一位婦人抱著baby到一間醫院。

醫生問婦人說：baby是吃母乳還是牛乳啊？

婦人：吃母乳！

醫生：那請妳把衣服脫下來。

婦人：啊！為什麼？

醫生：請妳不用緊張，這裡是醫院，絕不會對妳有任何侵犯的。

婦人半信半疑地脫去了上衣。

醫生用他的手在婦人的胸部上摸摸，下摸摸，左搓搓，右揉揉。

對這婦人說：難怪baby會營養不良，妳根本就沒有母乳嘛！

婦人：廢話！我當然沒有母乳。我是他阿姨！」

「好不好笑啊？」突然間，淑美的肚子痛得很厲害，有要生產的跡象。

志忠和志孝成人後一直喜歡回憶這些母親跟他們講的小故事，他們知道能順利生下他們這對雙胞胎要特別感謝他們的母親淑美，因為他們知道雙胞胎如果是單一羊膜就很容易發生臍帶打結，如果是雙羊膜則容易發生輸血症候群，而其他如受精卵太晚分離就可能形成連體嬰，另外，胎死腹中都極可能發生。

　　志忠和志孝因瞭解孕育過程的這些危險因素，所以也特別珍惜彼此，他們兩人都將對方視為生命中的一部分，沒有對方，生命會變得不完美，兩人可以說是一而二、二而一的生命體。

　　也因為如此，弟弟志孝某次向哥哥志忠借500萬元購買未上市的股票，兄弟兩人只簡單約定等股票上市以後，志孝再以配股償還哥哥志忠的借款，但事經國稅局查出，認為這一種借貸條件並不合理，更認定哥哥志忠出借給弟弟志孝的500萬是一種贈與行為，志孝雖然立即清償這500萬元，但國稅局仍發單給哥哥志忠，要他補繳贈與稅。

　　哥哥志忠覺得很不可思議，認為他和弟弟志孝感情好，這樣也有錯嗎？所以他很不服氣地提起行政救濟，可是從復查、訴願，一直到行政法院，結果哥哥志忠還是輸了官司。

關鍵說明

一、借貸條件不合常理容易被認定是贈與行為

　　案例中，弟弟志孝向哥哥志忠借款500萬元來購買未上市公司股票，兄弟倆人約定等股票上市以後，弟弟志孝再用配股來還錢。這種還款條件以一般常理思考並不合理，被國稅局認定是視同贈與行為，要課徵贈與稅。哥哥志忠對於國稅局要課徵贈與稅很不服氣，於是就提起行政救濟，不過從復查、訴願，一直告到行政法院，結果還是告輸了。行政法院仍然認為約定股票上市以後，債務人以配股來清償債務，條件太不合理，國稅局課徵贈與稅並沒有違誤。

二、贈與事實一經查獲，贈與稅也會跟著出現

　　贈與行為在未被國稅局查獲或被檢舉前，受贈人將受贈財產

轉回給贈與人，可以視為贈與的撤回，不會被國稅局課徵贈與稅。但贈與行為一旦被國稅局查到或是經人檢舉，贈與人所要繳的贈與稅可能就免不了。在本案例中，雖然弟弟志孝在國稅局查到以後馬上把所借的款項還給哥哥志忠，但要繳的贈與稅還是跑不掉。

三、移轉財產條件約定不合理，要小心贈與稅

從本案例我們可以清楚瞭解，如果財產的移轉，雙方的條件約定得太不合理，就要小心會不會有贈與的問題。否則，如果借貸案件只要有條件約定，不管合不合理，就可以認定不是贈與行為，那往後國稅局要課徵贈與稅恐怕就難了。

四、親屬間金錢借貸怎麼避開贈與稅

第一，二親等以內親屬間的資金借貸是常見的情形，但一不小心就可能涉及贈與，被國稅局課徵贈與稅，所以借貸雙方最好到法院或民間公證人辦理借貸契約的公證手續，讓借貸契約更具有公信力。第二，債務人也應依約支付利息給債權人，債權人也應依法申報利息所得，才不致被國稅局課徵贈與稅。

法律筆記

◎ 遺產及贈與稅法第5條

財產之移動，具有左列各款情形之一者，以贈與論，依本法規定，課徵贈與稅：

一、在請求權時效內無償免除或承擔債務者，其免除或承擔之債務。

二、以顯著不相當之代價，讓與財產、免除或承擔債務者，其差

額部分。

三、以自己之資金，無償爲他人購置財產者，其資金。但該財產
　　爲不動產者，其不動產。

四、因顯著不相當之代價，出資爲他人購置財產者，其出資與代
　　價之差額部分。

五、限制行爲能力人或無行爲能力人所購置之財產，視爲法定代
　　理人或監護人之贈與。但能證明支付之款項屬於購買人所有
　　者，不在此限。

六、二親等以內親屬間財產之買賣。但能提出已支付價款之確實
　　證明，且該已支付之價款非由出賣人貸與或提供擔保向他人
　　借得者，不在此限。

◎ **稅捐稽徵法第35條**

納稅義務人對於核定稅捐之處分如有不服，應依規定格式，敘明
理由，連同證明文件，依下列規定，申請復查：

一、依核定稅額通知書所載有應納稅額或應補徵稅額者，應於繳
　　款書送達後，於繳納期間屆滿之翌日起三十日內，申請復
　　查。

二、依核定稅額通知書所載無應納稅額或應補徵稅額者，應於核
　　定稅額通知書送達之翌日起三十日內，申請復查。

三、依第十九條第三項規定受送達核定稅額通知書或以公告代之
　　者，應於核定稅額通知書或公告所載應納稅額或應補徵稅額
　　繳納期間屆滿之翌日起三十日內，申請復查。

四、依第十九條第四項或各稅法規定以公告代替核定稅額通知書
　　之填具及送達者，應於公告之翌日起三十日內，申請復查。

前項復查之申請，以稅捐稽徵機關收受復查申請書之日期爲準。
但交由郵務機構寄發復查申請書者，以郵寄地郵戳所載日期爲
準。

納稅義務人或其代理人，因天災事變或其他不可抗力之事由，遲誤申請復查期間者，於其原因消滅後一個月內，得提出具體證明，申請回復原狀，並應同時補行申請復查期間內應為之行為。但遲誤申請復查期間已逾一年者，不得申請。

稅捐稽徵機關對有關復查之申請，應於接到申請書之翌日起二個月內復查決定，並作成決定書，通知納稅義務人；納稅義務人為全體公同共有人者，稅捐稽徵機關應於公同共有人最後得申請復查之期間屆滿之翌日起二個月內，就分別申請之數宗復查合併決定。

前項期間屆滿後，稅捐稽徵機關仍未作成決定者，納稅義務人得逕行提起訴願。

案例18

怎麼可能！孝敬父母也要繳稅？

錯誤觀念

子女將自己所有的財產孝敬父母沒有金額限制。

正確觀念

子女每年孝敬父母的財產總值超過贈與免稅額244萬元要申報繳納贈與稅。

生活小故事

「你一定非要移民美國不可嗎？留在台灣不好嗎？」

「這件事我們已經談過許多次了，為什麼妳還提這些事？況且爸媽也都已依親的名義去舊金山找大妹了，妳這個時候還來跟我吵，妳不覺得很奇怪嗎？」

「可是我們一家人也不一定要跟著去啊！……」

「妳們女人家懂什麼？！＃％＆＊※！……」

「碰！……鏗！……碰！碰！……」鍾鐵漢每次和妻子麗足談到他的美國夢時，最後總會在鍋碗瓢盆齊飛的情況下結束。

麗足一直無法理解丈夫鍾鐵漢一提到他的美國夢時就像變了個人似的。麗足心想，「美國美國，美國到底有什麼好？不僅言語不通，生活習慣也要重新適應……我真看不出來美國好在哪

裡？還不是一樣要辛苦工作賺錢，鐵漢難道不清楚嗎？美國真的會比台灣好嗎？」她希望丈夫鐵漢能再考慮一下，但鐵漢一心一意地想著美國，麗足想再講什麼都沒用。

為了鍾鐵漢的美國夢，麗足早將公家機關那份穩定的工作辭掉了，和鐵漢一起上烹飪補習班，學習油條、豆漿、水煎包、鍋貼、蛋餅等各式各樣早餐的作法，到現在也租了個小店面經營早餐店的生意，雖然開早餐店很辛苦，但麗足並不以為意，但是離開台灣遠赴美國開早餐店卻又是另外一回事，這件事讓麗足一直在思考到底這樣作有什麼意義呢？

其實麗足還擔心著臥病在床的老父親，雖然家裡還有弟弟、妹妹幫著照顧，但身為大姊的麗足總認為也應付出一份心力，況且弟弟、妹妹都還未嫁娶，父親的病情也一直多多少少影響他們的姻緣，讓弟弟、妹妹不敢或沒有餘力去談感情的事，這些麗足都看在眼裡，每次想到弟弟、妹妹時，心裡也情不自禁地一陣陣酸楚。

「麗足，爸寫信回來了，我唸給妳聽！」鍾鐵漢一拿到信就興奮地拆開信封，並沒有特別注意麗足臉上的表情，一坐下來就大聲地唸著信中的內容。

「……到了舊金山後，你妹妹開車到機場接我們，我們第一個感覺就是美國真大，當車子到達你妹妹家時，就看到整個社區長長的走道都種著扁柏，真是美極了，我跟你媽算開了眼界了……。

你妹妹的房子是一種結構簡單的普通平房，算不上是好的建築，但他們的後院卻非常大，並且種滿花花草草，隔鄰的院子也都沒有籬笆或圍牆分隔開來，一眼望過去，美麗的景物盡收眼底。你妹妹的院子裡有一顆大相思樹，院子的左邊也種了一大片

玫瑰花，這些玫瑰花迎風含笑，像在歡迎我們的到來……」

鍾鐵漢唸著信，整個人也陶醉在他的美國夢裡，麗足此時只能靜靜坐在一旁，她不想再為這些事吵架了，但鍾鐵漢接下來講的話卻讓麗足心中有了決定。

「爸說叫我們儘快籌50萬美元匯過去給他們，說要買的房子已經找好了，就在離妹住的地方不遠……」鍾鐵漢心裡想著，先把現在住的房子賣掉，再向朋友借一些應該夠吧！只要在台灣多作幾年就可以還清了……。

鍾鐵漢賣掉房子後，也湊足了50萬美元匯到美國，不過卻有兩件事讓他措手不及，一是國稅局對鍾鐵漢匯到美國的50萬美元有些意見，除對鍾鐵漢發單補徵贈與稅之外，還要加處罰鍰，當他為此事傷透腦筋的時候，鍾鐵漢驚訝地看見他的妻子麗足拿著行李緩緩走向大門。麗足打開大門後，面無表情地轉頭對著鍾鐵漢說：「我們離婚吧！」……。

關鍵說明

一、子女贈與父母的金錢超過244萬元要課徵贈與稅

為人子女送點錢孝敬父母，有違常理？鍾鐵漢認為，子女孝敬父母是應盡的責任，他只不過是提供些金錢給爸媽安享晚年，國稅局也要課徵贈與稅，實在有違道德傳統，讓他沒辦法接受。於是鍾鐵漢提起行政救濟，不過從復查、訴願到行政法院，最後鍾鐵漢還是告輸了。問題就出在遺產及贈與稅法規定，贈與稅的納稅義務人，每年可以從贈與總額中減除免稅額244萬元。換句話說，贈與人每年贈與超過244萬元的部分，依法就必須要繳納贈與稅，即使是父母也不例外。

二、大筆財產移轉要妥善規劃

　　由於贈與人每個年度的免稅額只有244萬元可以利用，因此遇有大筆財產要移轉時，最好在事前能有妥善規劃，才不致引來國稅局的關切。不知道鍾鐵漢的美國夢是不是破碎了，但可以肯定的是，他在台灣的家可能得先破碎了，至於他要繳的贈與稅及罰鍰恐怕也跑不掉！依據遺產及贈與稅法規定，贈與人每個年度的免稅額為新台幣244萬元，超出的部分就必須繳納贈與稅，贈與的金額愈大，其所要繳的稅金就愈高，所以對大筆財產的移轉不可不慎。

法律筆記

◎ **遺產及贈與稅法第4條第2項**

本法稱贈與，指財產所有人以自己之財產無償給予他人，經他人允受而生效力之行為。

◎ **遺產及贈與稅法第19條第1項**

贈與稅按贈與人每年贈與總額，減除第二十一條規定之扣除額及第二十二條規定之免稅額後之課稅贈與淨額，依下列稅率課徵之：

一、二千五百萬元以下者，課徵百分之十。

二、超過二千五百萬元至五千萬元者，課徵二百五十萬元，加超過二千五百萬元部分之百分之十五。

三、超過五千萬元者，課徵六百二十五萬元，加超過五千萬元部分之百分之二十。

◎ **遺產及贈與稅法第22條**

贈與稅納稅義務人，每年得自贈與總額中減除免稅額二百二十萬元。

（編者註：自111年1月1日起贈與免稅額按物價指價調整為244萬元。）

◎ 遺產及贈與稅法第24條第1項

除第二十條所規定之贈與外，贈與人在一年內贈與他人之財產總值超過贈與稅免稅額時，應於超過免稅額之贈與行為發生後三十日內，向主管稽徵機關依本法規定辦理贈與稅申報。

◎ 遺產及贈與稅法第44條

納稅義務人違反第二十三條或第二十四條規定，未依限辦理遺產稅或贈與稅申報者，按核定應納稅額加處二倍以下之罰鍰。

案例19

已繳過遺產稅，還要再繳贈與稅嗎？

錯誤觀念

遺產在繼承時已繳過遺產稅，以後繼承人相互間再移轉財產時，就不用再繳贈與稅。

正確觀念

繼承人就遺產已完稅並分割完畢，往後繼承人間若再有財產移轉超過贈與免稅額時，就應依法申報繳納贈與稅。

生活小故事

「你可真闊氣啊！隨便就可以借給你弟弟志孝500萬元，你爲什麼不拿來給我投資，拿來給我花啊！」志忠的老婆賢淑一聽到志忠私底下偷偷借給志孝500萬元，她簡直難以置信，後來又聽說還要繳一筆爲數不少的贈與稅，她幾乎氣瘋了。

「妳幹嘛那麼生氣，妳嫁給我時，我已經明白告訴過妳了，我跟志孝是孿生兄弟，我們的感情不同一般，希望妳瞭解後才嫁給我……。」志忠一再跟賢淑提到他們婚前的協議，但賢淑根本無法體會他們孿生兄弟之間的情感。

「你們的情感？我是你的老婆，每次志孝的事你都跑第一，我的事你就敷衍了事，那我算什麼？你說！我算什麼？」賢淑愈

說愈氣，並漸漸逼近志忠。

　　志忠不願再回應賢淑而一直靜默著，眼睛並瞪視著賢淑，他一直尋思如何消解賢淑的怒氣，更想起了母親一再叮嚀兩兄弟要一輩子相親相愛，志忠也一直以為他絕對可以作到，但賢淑卻讓他的信心徹底瓦解。

　　志忠回想到他和志孝多年前所繼承的遺產，志忠繼承了大部分的不動產，弟弟志孝則只繼承了少部分的現金。雖然大家沒有明說，但志忠一直認為不動產的部分仍要分給志孝一份，尤其這些年來，在他名下繼承的不動產大幅增值，如果不早些處理掉，恐怕到時候賢淑又要大吵大鬧了。

　　「你說！我算什麼啊？……」賢淑看志忠一直不理她，更激起了她的怒火，伸手拉扯志忠的手臂，志忠也動怒地反手一甩，摔門離家而去。

　　「志忠你給我回來講清楚！回來……嗚嗚……嗚……」賢淑披頭散髮地哭泣著，嘴中並不斷地咒罵著……。

　　志忠離家後，很自然地開車到志孝家中，志孝也似乎早已預料到哥哥志忠會過來，因為今天一早，志孝就一直覺得心神不寧、坐立不安，每當他有這種感覺時，他相信哥哥志忠一定有事，一定心情不好，也一定會過來找他，而志忠也非常確信弟弟志孝也一定會在家裡等他。

　　情緒惡劣到極點的志忠進門一看到孿生弟弟志孝後，和以往一樣，心情立刻恢復平靜，兄弟之間也沒有作任何交談，只是安靜地坐著，彼此靜默地喝著酒，等兄弟倆人喝掉一整瓶酒後，志忠說了一聲「我走了！」兩兄弟對望了一眼後，也只是靜默地微笑著，但兩人的心緒上似乎已感受到對方的平靜……。

　　志忠依他自己私底下的決定和計畫，在最短的時間內賣掉多年前繼承的不動產，換得了新台幣8,000多萬元的現金，他並以

最快的速度將其中的3,000萬元給了弟弟志孝，志忠認為短時間內賢淑應該不會發現才對，誰知……。

志忠一直以為神不知鬼不覺，但給志孝的3,000萬元卻很快地被國稅局查到了，除補徵贈與稅之外，國稅局並對他開罰。賢淑一知道此事後，立刻像一座即將爆發的火山。此時剛要進門的志忠似乎已嗅到有什麼事情即將發生，所以他遲遲不敢開門進來，仍然一個人站在門外，呆呆地望著門上已經發紅發燙的門把。

關鍵說明

一、財產贈與未申報贈與稅被查到要補稅處罰

志忠把繼承的不動產變賣以後，將一部所得3,000萬元分給弟弟志孝，雖然志忠是一片好意，但是志忠這麼作卻構成「無償贈與」的行為，依照遺產及贈與稅法規定，必須要申報贈與稅。又因為志忠對遺產及贈與稅法不瞭解，所以沒有在期限內申報贈與稅，結果被國稅局查到，不僅要補繳贈與稅，還要被處罰，實在非常冤枉。

二、親屬間財產移轉要特別注意是否有贈與情形

親屬間財產移轉經常發生漏報贈與稅的情形，尤其是父母與子女間、兄弟姊妹間最為常見，如果漏報贈與稅是屬於稅法規定的視同贈與情形，可能只要補繳贈與稅，但萬一是一般的現金贈與案件，除補稅之外，還會有罰鍰出現，贈與人繳起來就不輕鬆了。因此，對於親屬間的財產移轉，金額如果超過贈與免稅額的規定，一定要小心是否有贈與稅的問題，以免被國稅局補稅處罰。

法律筆記

◎ **遺產及贈與稅法第4條第2項**

本法稱贈與，指財產所有人以自己之財產無償給予他人，經他人允受而生效力之行為。

◎ **遺產及贈與稅法第19條第1項**

贈與稅按贈與人每年贈與總額，減除第二十一條規定之扣除額及第二十二條規定之免稅額後之課稅贈與淨額，依下列稅率課徵之：

一、二千五百萬元以下者，課徵百分之十。

二、超過二千五百萬元至五千萬元者，課徵二百五十萬元，加超過二千五百萬元部分之百分之十五。

三、超過五千萬元者，課徵六百二十五萬元，加超過五千萬元部分之百分之二十。

◎ **遺產及贈與稅法第22條**

贈與稅納稅義務人，每年得自贈與總額中減除免稅額二百二十萬元。

（編者註：自111年1月1日起贈與免稅額按物價指價調整為244萬元。）

◎ **遺產及贈與稅法第24條第1項**

除第二十條所規定之贈與外，贈與人在一年內贈與他人之財產總值超過贈與稅免稅額時，應於超過免稅額之贈與行為發生後三十日內，向主管稽徵機關依本法規定辦理贈與稅申報。

◎ **遺產及贈與稅法第44條**

納稅義務人違反第二十三條或第二十四條規定，未依限辦理遺產稅或贈與稅申報者，按核定應納稅額加處二倍以下之罰鍰。

案例20

財產全部贈與子女，贈與稅誰要繳？

錯誤觀念

　　贈與稅的納稅義務人依法是贈與人，與受贈人沒有關係。

正確觀念

　　贈與稅的納稅義務人雖然依法是贈與人，但受贈人在稅法規定的某些情形下也有可能成為納稅義務人。

生活小故事

　　「什麼！阿土伯年紀那麼大了還要結婚！三姑，妳有沒有聽錯？」六婆是我們庄仔內的「放送頭」，她難以置信地睜大眼睛逼問著三姑。

　　「這是千真萬確的事情，我是聽阿土伯的大漢媳婦，就是銀樹仔的太太愛笑仔講的，愛笑仔一聽到這個消息後，就馬上回到娘家跟她媽講，她媽就告訴隔壁的阿巧仔，阿巧仔也跟她小姑仔提到這件事，阿巧仔的小姑仔剛好跟我大女兒阿真是小學同學，所以說這件事絕對百分之一百真的！」三姑一向媲美「廣播電台」，她洋洋得意地向六婆炫耀著她所知道的內幕消息。

　　「阿土伯幾歲了？他要娶誰？他的兒子、女兒會同意嗎？」六婆想進一步知道內情，她急躁地問了許多問題。

「我有問阿土伯的媳婦愛笑仔，她說阿土伯今年已經68歲，過兩年就整整70歲了，天壽喔，眞是老不修，愛笑仔說她也不能多說什麼，倒是銀樹仔從以前就一直反對，到現在父子倆已經很久都不說話了。對了，阿土伯要娶的就是金鳳仔啊！妳應該認識吧！」三姑似乎爲了強調她消息來源的權威性，特意地壓低嗓門說著。

「金鳳仔我認識啊！她不是住在阿土伯他家很久了嗎？前一陣子不是聽說金鳳仔跑出去了嗎？爲什麼又回來了？」六婆也知道金鳳仔曾經偷捉阿土伯的土雞那件陳年往事，從那時起，六婆就認識金鳳仔，金鳳仔每次見到她都會客氣地喊她「六婆」。

「我是聽說阿土伯的土地被政府徵收，他領到2億元土地補償費後，就把全部的現金都轉到他幾個親生的兒女名下，金鳳仔好像就是因爲這件事跑出去的，爲什麼又跑回來？我倒不知道，我想是爲了錢吧！還會爲了什麼嗎？」三姑又講述另一件內幕消息，特意地往左右瞄了一下，歪著嘴巴輕聲地說：「我還聽說阿土伯被國稅局補徵贈與稅，還被罰了不少錢，現金好像剩不多了，金鳳仔這個女人就是『肖想』這筆錢吧！……」

這個庄頭只要有「放送頭」六婆和「廣播電台」三姑，每天一定有聽不完的故事，兩個女人就這樣聊著，嘰嘰喳喳個不停，就像是兩隻出來覓食的老母雞，彼此偶遇時的開磕牙，兩人面對面，脖頸一伸一縮地「咕咕……咕咕……」。

六婆的老伴郭伯仔，庄內小一輩的人都叫他「六婆伯公」，可見六婆在我們庄仔內的名氣了，「六婆伯公」郭伯仔和「放送頭」六婆生活了大半輩子，也練就了不錯的禪定功夫，每次當六婆口沫橫飛地細數著庄仔內的大小事時，郭伯仔總會像老僧入定似地進入瞌睡狀態。

不過當郭伯仔聽到阿土伯移轉高達2億元的土地徵收補償費

給他的親生子女一事，卻特別注意聽了一下，尤其阿土伯被國稅局補徵贈與稅和罰款的事更是銘記在心，郭伯仔以為贈與稅一定是由贈與人繳納，應該和受贈人無關，因為他的年紀也大了，所以他就把全部的財產過戶到兒子郭大中的名下，郭伯仔誤以為只要自己身無分文，國稅局也對他無可奈何，但事實卻非如此……。

就在這幾天，一直垂頭喪氣的郭伯仔剛好在路上碰到阿土伯，兩人互相無力地輕點著頭，像兩隻鬥敗的老公雞無奈地對望著……。

關鍵說明

一、誰是贈與稅的納稅義務人

依照遺產及贈與稅法規定，贈與稅的納稅義務人是贈與人。不過條文中還有「但書」的規定，就是當贈與人有：

(一) 行蹤不明。

(二) 超過贈與稅繳納期限還沒繳納，而且贈與人在國內沒有財產可以強制執行。

(三) 死亡時贈與稅尚未核課。

國稅局可以依法變更納稅義務人為受贈人。郭伯仔認為只要贈與人沒有財產可以繳納贈與稅，國稅局就拿他沒辦法，這是一個錯誤的觀念。

二、受贈人也可能成為贈與稅納稅義務人

贈與人將財產送給受贈人後，如果贈與人仍有財產，但依法不可以強制執行或沒有拍賣實益或是贈與人的財產不足以清償全部贈與稅款時，就不足清償的部分也屬於「無財產可供執行」，

國稅局一樣可以對受贈人課徵贈與稅。阿土伯也聽說郭伯仔的事，他是過來人，卻不知道如何安慰郭伯仔，他也知道郭伯仔的贈與稅是鐵定要補繳的，但阿土伯也不好意思問出口，因為他知道那是什麼樣的心情，所以兩個人的表情都是一種莫可奈何。的確，郭伯仔的贈與稅是跑不掉的，因為依相關稅法規定，此時的郭伯仔雖然身無分文，但國稅局仍可以依法找受贈人補徵這筆贈與稅，也就是說，郭伯伯的兒子郭大中還是必須拿錢出來繳稅，並不是郭伯仔說沒錢就可以了事。

法律筆記

◎ **遺產及贈與稅法第4條第2項**

本法稱贈與，指財產所有人以自己之財產無償給予他人，經他人允受而生效力之行為。

◎ **遺產及贈與稅法第7條**

贈與稅之納稅義務人為贈與人。但贈與人有下列情形之一者，以受贈人為納稅義務人：

一、行蹤不明。

二、逾本法規定繳納期限尚未繳納，且在中華民國境內無財產可供執行。

三、死亡時贈與稅尚未核課。

依前項規定受贈人有二人以上者，應按受贈財產之價值比例，依本法規定計算之應納稅額，負納稅義務。

◎ **遺產及贈與稅法第19條第1項**

贈與稅按贈與人每年贈與總額，減除第二十一條規定之扣除額及第二十二條規定之免稅額後之課稅贈與淨額，依下列稅率課徵之：

一、二千五百萬元以下者，課徵百分之十。

二、超過二千五百萬元至五千萬元者，課徵二百五十萬元，加超過二千五百萬元部分之百分之十五。

三、超過五千萬元者，課徵六百二十五萬元，加超過五千萬元部分之百分之二十。

◎ 遺產及贈與稅法第22條

贈與稅納稅義務人，每年得自贈與總額中減除免稅額二百二十萬元。

（編者註：自111年1月1日起贈與免稅額按物價指價調整為244萬元。）

◎ 遺產及贈與稅法第24條第1項

除第二十條所規定之贈與外，贈與人在一年內贈與他人之財產總值超過贈與稅免稅額時，應於超過免稅額之贈與行為發生後三十日內，向主管稽徵機關依本法規定辦理贈與稅申報。

◎ 遺產及贈與稅法第44條

納稅義務人違反第二十三條或第二十四條規定，未依限辦理遺產稅或贈與稅申報者，按核定應納稅額加處二倍以下之罰鍰。

案例21

小孩有大筆利息所得，容易引起國稅局關切

錯誤觀念

現金轉存在子女名下不會被國稅局發現。

正確觀念

父母贈與子女現金或存款，每年每人只有免稅額244萬元，超過部分須申報繳納贈與稅。

生活小故事

「美眞：

我已經寫信跟妳道過兩次歉了，妳爲什麼還不原諒我？妳難道就這樣不理我了嗎？告訴我，妳要我如何作妳才願意原諒我！妳至少要給我一次機會啊！

我已經告訴過妳，事情並不是妳所想的那樣！我承認我已經先跟妳約好了，但卻突然臨時打電話告訴妳，我有事不能赴約，可是妳就這樣不願意見我。打電話給妳，妳不是電話忙線中，就是關機！妳到底要怎樣呢？無論如何妳至少要給我一次機會啊！我們這麼多年的感情了……」

劉美眞看著五年前章學誠寫給她的信，不禁淚流滿面，五年

前要不是自己一時的任性，不願理睬學誠，今天一定是和學誠過著幸福快樂的生活，身旁沉睡中的柔安也就可能是他們第一個孩子了！

「唉……」美眞知道自己仍然愛著章學誠，她也知道學誠爲什麼到現在還沒有結婚，因爲他一直在等，等一個幾乎不可能的機會。雖然美眞現在已經離婚多時了，但她想到自己的女兒柔安，美眞如果帶著與前夫生的女兒柔安再嫁給學誠，她總覺得對學誠不公平，美眞也顧慮到將來柔安懂事以後會對她不諒解，她更想到，學誠會疼愛柔安嗎？

美眞又翻開最近學誠寫給她的信，她張著已哭腫的眼睛，一字字地讀著：

「美眞：

……妳也不用顧慮其他了，我等妳這麼多年了，難道妳還不瞭解我的心嗎？妳還在考慮什麼？嫁給我！好嗎？

我父母親那裡我已經跟他們溝通好了，他們都知道我早已抱定終身不娶，而如果要結婚，那個人一定就是妳！這樣講，難道妳還不夠明白嗎？

至於柔安，我也會像我自己的女兒一樣地疼愛她，這一點，我用我的一輩子對妳保證，如果妳願意，如果妳願意嫁給我……」

美眞此時不自覺地望著手錶上的時間，突然間她跳了起來，隨即抓著皮包往外衝，她知道學誠這個時候一定還在他們第一次約會的地方等她，她要趕快告訴他，她願意！她是一百個願意！

婚後，章學誠也如他所承諾的，不僅對美眞疼愛有加，對美眞和前夫所生的女兒柔安也倍加呵護，而他對柔安的疼愛有時還會引起美眞微微的醋意，這時，她總是紅著眼眶瞧著他們父女倆，美眞多希望柔安就是學誠親生的女兒！

幸福的日子總是過得特別快，轉眼間柔安已是國中生了，她的弟弟英傑也上了小學一年級，美眞一直覺得自己是幸運和幸福的女人，學誠也認爲這幾年生意作得太順利了，他認爲是他的家人給他的支持和運氣，包括美眞、柔安和英傑，務實的學誠一直想給美眞和家人一份驚喜，而這份驚喜他希望是一種有形的保證。

就在柔安生日那天，章學誠將柔安和英傑的存摺交給美眞保管，兩人的存摺中都有一筆剛剛匯入的500萬元存款。學誠告訴美眞可自由地使用這兩筆存款時，只見美眞緊抱著學誠，身體還因太激動而不停地抖動著。

不過幸福中仍有一點點的酸澀，章學誠各匯入柔安和英傑存摺中的存款，除了換來美眞深情的擁抱，還收到國稅局贈與稅的通知。

關鍵說明

一、小孩有高額利息所得是國稅局關愛的對象

未成年人通常沒有所得能力，即使未成年人有所得能力，金額通常也不會很大。所以，國稅局對於在金融機構有大額存款或是財產大量增加的未成年人一向都特別關愛，尤其是對未成年人存款的來源更是好奇。如果國稅局發現未成年人的存款或是其他財產是來自父母所贈與，不但要補徵贈與稅，還可能會被處以罰鍰。

二、未成年人存款超過一定金額，金融機構會通報國稅局

未成年人在金融機構如果一次存入一定金額，或是在一年內累計存款達一定金額時，金融機構會主動通報各地區的國稅局。

因此，對於利用子女戶頭存款或贈與子女存款的父母需要特別留意，以免被補稅處罰。

三、利用分年分次贈與最妥善

　　父母移轉現金給子女，有的是為了替子女存就學基金，有的則是子女要創業或其他需要，利用現金贈與，父母倆人加起來每年也有488萬元的免稅額度，雖然不算多，不過父母年年贈與，十年後子女最少也有4,880萬元以上，也算是一筆可觀的金額，沒有贈與稅的問題。但如果父母突然間贈與子女一大筆現金，不管原因為何，都會衍生贈與稅的困擾。所以，父母如果有心要為子女就學或創業存點錢，應該儘早規劃才是上策。

四、贈與財產超過244萬未申報可能被補稅處罰

　　雖然章學誠喜歡以較務實的作法來表達對美真的愛，但他也疏忽了稅法上贈與免稅額有一定上限的規定，雖然這些一點也不會減損他與美真的幸福，但心頭上總覺得被深深刺了一下，至少會有一點不舒服的感覺吧！由於柔安和英傑都是在學的未成年人，其存摺中如有大額存款，一般都極容易被國稅局注意，而其結果，除了要補徵贈與稅，也會被處以罰鍰，真是不可不慎！

法律筆記

◎ 遺產及贈與稅法第4條第2項
本法稱贈與，指財產所有人以自己之財產無償給予他人，經他人允受而生效力之行為。
◎ 遺產及贈與稅法第19條第1項
贈與稅按贈與人每年贈與總額，減除第二十一條規定之扣除額及

第二十二條規定之免稅額後之課稅贈與淨額,依下列稅率課徵之:

一、二千五百萬元以下者,課徵百分之十。

二、超過二千五百萬元至五千萬元者,課徵二百五十萬元,加超過二千五百萬元部分之百分之十五。

三、超過五千萬元者,課徵六百二十五萬元,加超過五千萬元部分之百分之二十。

◎ **遺產及贈與稅法第22條**

贈與稅納稅義務人,每年得自贈與總額中減除免稅額二百二十萬元。

(編者註:自111年1月1日起贈與免稅額按物價指價調整為244萬元。)

◎ **遺產及贈與稅法第24條第1項**

除第二十條所規定之贈與外,贈與人在一年內贈與他人之財產總值超過贈與稅免稅額時,應於超過免稅額之贈與行為發生後三十日內,向主管稽徵機關依本法規定辦理贈與稅申報。

◎ **遺產及贈與稅法第44條**

納稅義務人違反第二十三條或第二十四條規定,未依限辦理遺產稅或贈與稅申報者,按核定應納稅額加處二倍以下之罰鍰。

◎ **金融機構對未成年人存款其一次存入金額或一課稅年度累計存入總額400萬元者應通報（財政部102年6月20日台財稅字第10204560330號函）**

金融機構對未成年人存款,其一次存入金額或一課稅年度內累計存入總金額達新臺幣400萬元者,應將資料通報當地國稅局。

案例22

利用「無記名可轉讓定期存單」贈與可以節稅？

錯誤觀念

　　因無記名可轉讓定期存單的利息所得分離課稅，不併入當年的綜合所得稅申報，所以利用無記名可轉讓定期存單贈與子女，國稅局查不到。

正確觀念

　　贈與財產的價值如果超過贈與稅免稅額，就必須向轄區國稅局申報繳納贈與稅。

生活小故事

　　「媽！我為什麼姓黃？弟弟英傑就姓章！」柔安今天把學校規定要繳交的戶口名簿影本交給老師時，被同學發現她竟然和弟弟不同姓氏，遂引起同學的好奇，一些嘲諷字眼也傳入她的耳中，所以她一回到家就把全部的憤怒發洩在母親劉美真的身上。

　　「這件事媽媽不是在幾年前跟妳解釋過了嗎？我以為妳懂了，應該瞭解媽媽的苦衷，為什麼妳現在還那麼兇地責問媽媽呢？」美真很訝異女兒柔安竟會突然再談到這件事，她知道柔安一定遇到什麼挫折了，心裡急著想瞭解，而內心潛藏已久的傷痛

卻也不停地腫脹著，美眞緊抓著胸口極力忍住淚水。

「可是妳不曉得我的同學講得多難聽！妳要我怎麼跟同學講？」柔安氣憤、激動地流下淚來，身體也隨著不斷的哽咽顫抖著，美眞看到柔安如此激動，她一時也不曉得如何接口，下意識地想抱住柔安，柔安卻甩開她的雙手，遠遠地躲到一邊去。美眞一顆心都碎了，伸出的雙手仍停留在空中。

「柔安，媽……」美眞已淚流滿面，過去已快結痂的傷口再次撕裂開，使整個心深深地揪痛著，彷彿有一把刀正悄無聲息地割裂她每一寸肌膚，身體好像頃刻間掉入冰窖般不停地顫抖著。

「妳告訴我呀！我如何跟同學講？」柔安大聲吼完後，隨即衝向自己的房間，房門被用力關上後，清楚地傳來柔安斷腸的哭聲。美眞一下子癱坐在沙發上，呆滯的眼神一直望著柔安的房門。

美眞實在無法告訴柔安，她跟柔安的爸爸沒有任何感情，也沒有辦法告訴柔安，她因爲當年的任性才賭氣嫁給柔安的父親，柔安現在的父親章學誠是她這一輩子所愛和唯一想嫁的人……。這一些，美眞都很難向柔安說出口！

美眞總以爲過去些微或許不夠清楚的解釋，在柔安逐漸長大後應該就能懂，並且也能諒解她一路走來坎坷的路程，但心思一向敏銳的柔安卻只是將這些疑問深藏在心裡，沒有去碰觸到就相安無事。一次同學不經意地撩撥，卻意外地引起千層巨浪，狠狠地衝撞著美眞和這個家！

此後柔安漸漸地活在自己的世界中，和母親美眞也是冷言相向，美眞也只能隱忍著，每當美眞想跟柔安解釋什麼時，柔安也遠遠就逃開了。美眞曾向現在的丈夫章學誠求助，但在柔安刻意地躲避下，章學誠只能對美眞搖搖頭了。

柔安和美眞之間的冷戰一直持續著，美眞哭腫的雙眼仍引不起柔安一絲絲的注意，柔安北上讀書後，美眞很清楚女兒柔安不

想要這個家了，也不想要她了。

　　美真的丈夫章學誠將這些一直看在眼裡，對於美真心裡的煎熬也很不捨，章學誠告訴美真：「我們給她一筆錢吧！至少柔安在外面可以少受一些苦！」

　　章學誠以前曾將大筆金錢匯入孩子的存摺，再交由美真管理，卻被國稅局補徵贈與稅，這次朋友建議他利用無記名可轉讓的定期存單交給美真，再轉交給柔安，章學誠以為這樣就不用繳贈與稅了，結果不但贈與稅照繳，還是一樣被罰款。

　　章學誠搖搖頭，深情地抱著美真，他再一次體會到這種酸澀的幸福……。

關鍵說明

一、短期票券包括哪些

　　依照所得稅法規定，短期票券包括下列各項：

(一) 期限在一年期以內之國庫券。

(二) 可轉讓銀行定期存單。

(三) 公司與公營事業機構發行之本票或匯票。

(四) 其他經目的事業主管機關核准之短期債務憑證。

二、利用短期票券贈與，贈與稅仍然跑不掉

　　父母如果贈與大筆的現金給子女，國稅局很容易從子女的利息所得中查到父母贈與子女的事實，進而對贈與人補稅處罰。因為短期票券的利息在領取時就直接扣繳，不用併入個人的綜合所得總額中，所以國稅局在利息歸戶資料中查不到。因此，很多人為了規避贈與稅的課徵，利用「利息分離課稅」的短期票券贈與子女。不過，國稅局仍然可以利用財政部財稅資料中心的資料查

到贈與的事實。在本案例中，章學誠就是沒料到國稅局還有這一招，一腳踩到了贈與稅的地雷，不但要補稅，還被處以罰鍰。

三、擁有高分離課稅利息容易引起國稅局關注

國稅局為了稽徵稅捐，不斷利用財政部財稅資料中心的資料進行篩選的工作，如果你是屬於高分離課稅利息的人，又符合下列的六種情形，那你可能就是國稅局查核的對象之一：

(一) 未成年人。

(二) 剛入社會的人。

(三) 退伍不久的人。

(四) 最近學成歸國的人。

(五) 無固定職業的人。

(六) 年收入不高的人。

因為這些人不是沒有收入就是收入並不穩定，不大可能一下子有很多錢。但會有高分離課稅利息的情形發生，資金的來源不是有人贈與就是漏報所得，自然容易成為國稅局查核的目標。

四、高分離課稅利息資料在財稅資料中心有建檔

章學誠多年前曾在小孩的存摺中匯入大筆款項而被國稅局查出，因而補繳了一筆為數不小的贈與稅，這次他的確學乖了，他的朋友建議章學誠利用無記名可轉讓的定期存單來避稅，可惜他的方法還是用錯了。或許章學誠的幸福就是不能太完美，但這種酸澀的幸福也太痛了吧！章學誠是利用短期票券移轉給子女，他以為利息經直接扣繳後，就不用併入個人的綜合所得總額中，國稅局就完全查不到，但他錯了！國稅局仍然可以透過財稅資料中心的資料查到章學誠贈與的事實，尤其柔安是一個在學的學生，更是國稅局在查核高分離課稅利息的重點對象之一，所以章學誠想節稅卻還是用錯方法了。

法律筆記

◎ **遺產及贈與稅法第4條第2項**

本法稱贈與，指財產所有人以自己之財產無償給予他人，經他人允受而生效力之行為。

◎ **遺產及贈與稅法第19條第1項**

贈與稅按贈與人每年贈與總額，減除第二十一條規定之扣除額及第二十二條規定之免稅額後之課稅贈與淨額，依下列稅率課徵之：

一、二千五百萬元以下者，課徵百分之十。

二、超過二千五百萬元至五千萬元者，課徵二百五十萬元，加超過二千五百萬元部分之百分之十五。

三、超過五千萬元者，課徵六百二十五萬元，加超過五千萬元部分之百分之二十。

◎ **遺產及贈與稅法第22條**

贈與稅納稅義務人，每年得自贈與總額中減除免稅額二百二十萬元。

（編者註：自111年1月1日起贈與免稅額按物價指價調整為244萬元。）

◎ **遺產及贈與稅法第24條第1項**

除第二十條所規定之贈與外，贈與人在一年內贈與他人之財產總值超過贈與稅免稅額時，應於超過免稅額之贈與行為發生後三十日內，向主管稽徵機關依本法規定辦理贈與稅申報。

◎ **遺產及贈與稅法第44條**

納稅義務人違反第二十三條或第二十四條規定，未依限辦理遺產稅或贈與稅申報者，按核定應納稅額加處二倍以下之罰鍰。

案例23

利用親友每年免稅額贈與，可行嗎？

錯誤觀念

利用親朋好友每人每年的贈與稅免稅額贈與自己子女，不會有贈與稅的問題。

正確觀念

利用親友每年贈與免稅額贈與自己子女，國稅局很容易從資金的來源、資金的流程及資金的流向查獲贈與事實。

生活小故事

「謝謝你！學誠……」美真手裡拿著要轉給柔安的支票，心情激動得說不出話來。

「好了，不要說這些了！往後的日子還長著呢！妳就想辦法把錢拿給柔安吧！」學誠輕輕地嘆息了一聲，他知道雖然柔安不是他親生的女兒，但是卻對這個家有極大的影響力，所以學誠能作的，他都一定會想辦法去作，哪怕所有的努力都得不到柔安的認同，他也在所不惜。

「錢我會想辦法交給柔安，可是有時候我真想看到柔安，有時候卻又很怕見到她。」美真似喃喃自語地說出心裡的感覺。這幾年來，由於柔安刻意封閉自己，又遠在外地讀書，雖說表面上

沒有什麼大問題，但美真知道那個傷口永遠存在，只是大家都在逃避而已，可是這樣的日子畢竟是無奈的，生活中總是少了什麼。

「或許妳可以找英傑跟妳一起去找柔安會比較好，畢竟英傑是柔安的親弟弟，而且他們從小就感情很好⋯⋯。」學誠輕拍著美真的手安慰著她。

「好吧！不知道我跟柔安母女倆以後會變成怎樣的狀況？」美真紅著眼眶，只感覺到胸口一點點、一絲絲地抽動著，雖然不是痛，卻是一種比心痛還痛的東西一直充塞住她的胸口⋯⋯。

「好了吧！以後的事再說吧！我們都要一起努力，或許更要努力一些，我相信只要付出我們的真誠，柔安還是會回來的！」學誠抱著美真輕拍著她的背，他決定為了美真，他一定要作到！

學誠告訴美真，既然想見柔安，又怕見到她，那倒不如一起學電腦，只要能打打字、寫一些mail給柔安，把一些相見時說不出口的話寫給她，應該多少會有一些用處吧！

美真聽了學誠的話，真的每天就坐在電腦前一個字、一個字地敲著，有時候對著電腦笑，有時候卻對著電腦哭，學誠都只能輕撫著美真的背，默默地給美真支持和鼓勵，而學誠也想著小兒子英傑的事，或許也應該把一些財產移轉給英傑了，學誠想到以前多繳了兩筆贈與稅的事，他這次就特別小心。

學誠和美真都很高興，透過電腦的聯繫，柔安總算願意說一些話了，雖然所說的話都不多，甚至長達一、二個月才見到一封柔安的mail，但這些都已讓美真可以一整個月都癡呆地笑著，這時也一定會發現彼此的眼裡都有著淚痕⋯⋯。

學誠一再告訴美真，柔安一定會回來的，美真也漸漸地如此相信著⋯⋯。

移轉財產給英傑的事，學誠告訴過美真以後就一直進行著，

這次他發動了人海戰術，章學誠安排英傑的祖父母、姨媽、叔伯等親戚送給還只是學生的英傑現金，再以英傑受贈來的這些錢購買章學誠名下的房子。

章學誠以為這樣的移轉方式應該沒有問題，不過經國稅局查證後，卻發現英傑所受贈的資金都是來自章學誠透過親戚所轉贈，於是仍發單補徵章學誠一筆贈與稅。

章學誠看著仍然對著電腦哭笑的美真，心中不覺百感交集，他多希望這個時候美真能轉頭看著他，給他一個擁抱、拍拍他的背，他也就心滿意足了，但他始終不敢驚動美真。

關鍵說明

一、利用親友每年免稅額贈與易被課徵贈與稅

為了規避贈與稅的課徵，不少人想盡各種稀奇古怪的方法，鑽稅法的漏洞，就是為了要節稅。利用親屬每年的免稅額度送給自己未成年的子女，這的確是一個快速的方法，只不過失敗的人多，成功的人少，失敗的原因大致可歸納為以下：

(一) 安排親友贈與沒考慮親友的財力如何

安排親朋好友利用每年的贈與免稅額度，贈與自己的未成年子女當然是個節稅的好方法，子女可以快速取得一筆資金。但是如果這些親友的年所得沒有超過244萬元，甚至好幾年的所得加起來都沒有超過244萬元，這樣的親友資力夠嗎？贈與的親友，如果平常在銀行裡的存款金額都沒有超過244萬元，那麼親友贈與自己子女免稅額的這筆錢，要從哪裡來？這點是國稅局關切的主要重點。

(二) 沒有贈與自己子女財產反而贈與別人的子女

這些出面贈與別人子女的親朋好友，如果各有各的子女，他

們沒有贈與資金給自己的子女，反而把資金贈與給別人的子女，這樣合理嗎？

(三) 未考慮親友設籍及生活重心

贈與的親朋好友可能散居在各地，但可能都固定在某一個銀行一同作資金的贈與行為，贈與人經常忽略這點不合常理的現象，很容易受到國稅局的懷疑。

(四) 資金流程容易出錯

有些父母在選擇親朋好友時有考慮到親友的資力問題，特別挑選資力雄厚的親朋好友作為贈與人，而這些親朋好友也同意先以自己的資金贈與受贈人。等贈與案件完成後，父母再將借款歸還給這些親朋好友。這個方法看起來不錯，但國稅局也不是省油的燈，稽徵人員只要清查相關人員的資金流向，很容易就可以發現這其中的破綻。

二、不合理的財產贈與易引起國稅局關切

章學誠之前有了兩次補繳贈與稅的經驗後，這次雖然特別小心，但仍然逃不掉再一次補繳贈與稅的命運。章學誠透過祖父母等親戚贈與財產的方式，乍看之下好像是一個不錯的方式，所以他也一直以為應該沒問題了，但他還是踢到鐵板。因為國稅局在審核時，會對整個贈與的資金流程、章學誠親戚的財力和親戚贈與的動機和合理性進行瞭解，所以章學誠這樣的財產移轉方式還是很容易引起國稅局的懷疑，最後仍被國稅局查出，並要求他再次補繳贈與稅。

法律筆記

◎ **遺產及贈與稅法第4條第2項**

本法稱贈與，指財產所有人以自己之財產無償給予他人，經他人允受而生效力之行為。

◎ **遺產及贈與稅法第19條第1項**

贈與稅按贈與人每年贈與總額，減除第二十一條規定之扣除額及第二十二條規定之免稅額後之課稅贈與淨額，依下列稅率課徵之：

一、二千五百萬元以下者，課徵百分之十。

二、超過二千五百萬元至五千萬元者，課徵二百五十萬元，加超過二千五百萬元部分之百分之十五。

三、超過五千萬元者，課徵六百二十五萬元，加超過五千萬元部分之百分之二十。

◎ **遺產及贈與稅法第22條**

贈與稅納稅義務人，每年得自贈與總額中減除免稅額二百二十萬元。

（編者註：自111年1月1日起贈與免稅額按物價指價調整為244萬元。）

◎ **遺產及贈與稅法第24條第1項**

除第二十條所規定之贈與外，贈與人在一年內贈與他人之財產總值超過贈與稅免稅額時，應於超過免稅額之贈與行為發生後三十日內，向主管稽徵機關依本法規定辦理贈與稅申報。

◎ **遺產及贈與稅法第44條**

納稅義務人違反第二十三條或第二十四條規定，未依限辦理遺產稅或贈與稅申報者，按核定應納稅額加處二倍以下之罰鍰。

案例24

「贈與稅免稅證明書」有什麼用？

錯誤觀念

有國稅局核發的贈與稅免稅證明書就代表資金來源沒問題。

正確觀念

贈與稅免稅證明書只具參考作用，國稅局仍然會仔細查核資金的來源、流程及流向。

生活小故事

看著美真坐在電腦前的背影，章學誠決定不把被國稅局補徵贈與稅一事告訴美真，因為這筆贈與稅是移轉給柔安的短期票券所衍生出來的，不過章學誠認為這是他個人的疏忽所致，但他害怕美真因而胡思亂想，跟美真提這些事不僅毫無意義，也會影響這個家的平靜。

「學誠，柔安有mail過來，你要不要看。」美真有將近一個月的時間沒有收到柔安的mail了，所以當她看到電子信箱中又有柔安的信，美真就興奮、激動地叫著章學誠。

「當然，我一定要看，柔安現在好嗎？」章學誠感受到美真快樂的心情，自己自然也很高興，至少這是一個好消息，柔安的信又可讓美真快樂至少一個月了，而美真的快樂就是章學誠最感

幸福的事了。

「柔安說她很好……」美眞轉頭對著章學誠露出小孩似的燦爛笑容，然後唸著柔安的mail：「……我現在很好，雖然私立學校的課業很重，不過老師教學很認眞，同學們也都相處很好，只是北部經常下雨，較不容易適應而已，只得忍耐一陣子了……對了，天氣涼了，爸媽和弟弟英傑都要注意身體……。」

「柔安長大了，柔安會關心家人了！」美眞眼裡隱含著眼淚看著章學誠，章學誠也點頭回以一個贊同的微笑。

「柔安現在在北部讀書，可能暫時不會回家住，我們是不是可以考慮幫她先在外地買房子？」美眞用徵詢的眼光看著章學誠，但章學誠知道不能讓美眞失望。

「好啊！妳記得柔安讀國中時，我曾在她的帳戶匯入500萬元交給妳保管那件事嗎？結果那次被國稅局徵補贈與稅，但有了那次教訓後，我就另外幫她開一個帳戶，並且連續五年都各存入一筆錢，而且每年都向國稅局申報贈與稅，並取得贈與稅的免稅證明書，所以幫柔安買房子是沒問題的。」章學誠信心滿滿地告訴美眞這件事，臉上露出得意的笑容。

「學誠，謝謝你！」美眞對學誠一直充滿感激，她再次流下幸福的熱淚。

章學誠和美眞討論後，過了不久就幫柔安買了一棟房子，但因爲過去幾年中，章學誠都是先把錢存入柔安帳戶中，等到贈與稅的免稅證明書拿到手後，隨即將這筆錢領出移作他用，所以章學誠必須先存入一筆錢到柔安的帳戶中，作爲柔安購買房子的資金來源，他認爲這樣應該不會有贈與稅的問題了。

章學誠很自信地向國稅局舉證，說柔安購買房子的資金來源是過去幾年中受贈取得，他並且拿出國稅局核發的免稅證明書爲憑，主張免徵贈與稅，但很遺憾的是，國稅局要求提供柔安購買

房子的資金來源及付款流程證明，後來章學誠仍然被國稅局發單課徵贈與稅，章學誠似乎又被重重打了一棒！

「媽！原諒我過去的無知和不懂事，我對不起妳，請妳原諒我好嗎？……」美真再次坐在電腦前，看著女兒柔安剛剛發過來的信，美真已無法控制地大哭了起來，美真等這一刻已經很多年了。

「嗚嗚……」突然有一個更大聲的哭號蓋過美真的哭聲，美真很訝異地轉過頭，張大著嘴巴不解地看著章學誠，心想「我都還沒有告訴你柔安寫信來的事，你為什麼哭得比我還傷心呢？」

關鍵說明

一、受贈人自有資金怎麼認定

國稅局在審核受贈人是否以自有資金購買財產時，是以實際給付資金是否確是受贈人自有資金為認定原則，而不是以取得免稅證明書為標準。換句話說，子女置產的資金來源如果是受贈取得，除必須提供受贈資金的事實之外，對於受贈資金的「實際運用流程」也必須提供完整的資料來證明是受贈人的原有資金。

二、未成年人購買財產要舉證資金來源

未成年人購買財產是遺產及贈與稅法中的視同贈與行為，國稅局會主動認定是父母所贈與。但是如果能夠證明未成年人購買財產的資金來源是未成年人自有的時候，就可以免徵贈與稅。本案例中，章學誠無法完全證明柔安購買房子的資金就是原來受贈取得的資金，章學誠忽略了柔安受贈資金流程的連貫性，雖然章學誠每年都有向國稅局申報贈與稅，而且拿到贈與稅的免稅證明書，但還是被國稅局課徵贈與稅。

三、分年分次贈與後的資金怎麼規劃

在本案例中，如果章學誠能以柔安的名義，把受贈的資金定存在銀行或是投資股票、基金等，等到柔安要用錢時再轉換成現金，作爲購買財產的資金來源，章學誠在向國稅局舉證時就能提出柔安受贈資金的完整流程，而不會被課徵贈與稅。

四、贈與稅免稅證明書只具參考作用

章學誠一直以爲手中有國稅局核發的贈與稅免稅證明書，就認定幫柔安買房子可免繳贈與稅，這是非常錯誤的觀念。幫柔安買房子的錢除必須有受贈的事實之外，國稅局還會針對柔安帳戶的資金運用流程進行調查，很明顯地，章學誠在取得贈與稅的免稅證明書之後就移轉他用，所以國稅局會認定這是一個贈與案件而予以課徵贈與稅。其實國稅局在審核類似案件時，並不只是依據贈與稅的免稅證明書作簡單審核，國稅局還會調查整個資金流程及資金運用的連貫性，也就是說，章學誠必須提出柔安受贈資金的完整流程，而不是只有贈與稅的免稅證明書，這一部分，章學誠眞的是搞錯了。

法律筆記

◎ **遺產及贈與稅法第4條第2項**

本法稱贈與，指財產所有人以自己之財產無償給予他人，經他人允受而生效力之行爲。

◎ **遺產及贈與稅法第5條**

財產之移動，具有左列各款情形之一者，以贈與論，依本法規定，課徵贈與稅：

一、在請求權時效內無償免除或承擔債務者，其免除或承擔之債務。

二、以顯著不相當之代價，讓與財產、免除或承擔債務者，其差額部分。

三、以自己之資金，無償為他人購置財產者，其資金。但該財產為不動產者，其不動產。

四、因顯著不相當之代價，出資為他人購置財產者，其出資與代價之差額部分。

五、限制行為能力人或無行為能力人所購置之財產，視為法定代理人或監護人之贈與。但能證明支付之款項屬於購買人所有者，不在此限。

六、二親等以內親屬間財產之買賣。但能提出已支付價款之確實證明，且該已支付之價款非由出賣人貸與或提供擔保向他人借得者，不在此限。

◎ 遺產及贈與稅法第22條

贈與稅納稅義務人，每年得自贈與總額中減除免稅額二百二十萬元。

（編者註：自111年1月1日起贈與免稅額按物價指價調整為244萬元。）

◎ 遺產及贈與稅法第24條第1項

除第二十條所規定之贈與外，贈與人在一年內贈與他人之財產總值超過贈與稅免稅額時，應於超過免稅額之贈與行為發生後三十日內，向主管稽徵機關依本法規定辦理贈與稅申報。

◎ 以歷年免稅贈與之現金購置不動產者不課贈與稅（財政部67年2月2日台財稅第30806號函）

法定代理人或監護人以歷年免稅贈與未成年子女之現金為其子女購置不動產，如能以子女之銀行存款簿紀錄，證明確係以子女歷年受贈款項購買者，自不適用遺產及贈與稅法第5條第5款視為法定代理人或監護人之贈與之規定。

案例25

小心！變更保單要保人可能會有「稅」的困擾

錯誤觀念

保險給付不是財產，把它轉讓給他人不會有贈與的問題。

正確觀念

動產、不動產及其他一切有財產價值之權利都是遺產及贈與稅法中規定的財產，保險給付屬於有財產價值的權利，如果無償轉讓的價值超過贈與免稅額，仍然須依法申報繳納贈與稅。

生活小故事

母親的喪事辦完以後，第二天我就背著書包上學，這時我還只是高中二年級的學生，看起來我似乎很堅強，可是現在回想起來，總認為那是年輕不懂事。在母親的喪禮中狠狠地哭了一場後，我認為我不會再哭了，我很勇敢！可是那一年我留級了，原本就不多話的我，就更加沉默了。

以前我不懂，沒媽的孩子為什麼日子會過得很辛苦，我的日子還是這樣過啊！我從來不會特別感覺到難過，但在我28歲那一年，我又哭了，不是因為我喝醉酒了，是我自己知道我真的很難過！我不知道這十一年來我是如何過的，我一直想不起來是誰煮

飯給我吃，我跟誰要了生活費？

當然是我的父親給了我零用錢，但我怎樣開口跟他拿？什麼時候拿？他對我說了什麼？我一件也想不起來。

哦！飯應該是我三嫂煮給我吃的吧！但我怎麼會忘記呢！我唯一記得的是家裡永遠冷冷清清的，那年我17歲，我是么子，我有四個哥哥和一個姊姊，但從來沒有人問我過得好嗎？

那一年我學會喝酒，但酗酒則是多年以後的事了，北上讀書後，我還是不多話，也不喜歡交朋友，我記得我家有兩棟房子，第一年放暑假回去，家裡只剩一棟房子，父親告訴我，欠人家一些錢，不賣不行了。

但是第二年我再回去時我找不到我的家了，我還打電話問我大姊：「妳住哪裡？」大姊收留了我，我也把大姊的家當作我自己的家，我的許多哥哥呢？他們在哪裡呀！說真的，我不知道！我為什麼不想問，我也不知道！日子好像很自然地這樣過著，我不想提過去，但未來？我也從來不會去想將來要幹嘛？

你如果問我這段日子都在想什麼、作什麼？我不知道，真的，連我現在回想起來，也不知道日子是怎麼過的？如果用色彩畫一下，我會選灰色的。那麼有什麼有趣的事嗎？我告訴你，沒有！那麼有記憶深刻的事嗎？我拍了一下頭，還是沒有！好吧！那麼你笑了嗎？沒有！至少哭了吧！沒有！

我只記得我姊是世界上唯一關心我的人。用自己的真心去關懷一個人，這是騙不了人的。我看到我姊那顆對待我的真心，如果你懂得什麼叫作真心，你知道有人將真心給你時，這個世界雖然無法一下子就變得美好起來，但你會覺得這個世界變得溫暖許多，你的心才能安定下來，找到一個落腳的地方。

我北上讀書最後兩年的學費和註冊費都是大姊親手交給我的，她說，家裡已經變賣一空了，但父親還是幫我預留了這些

錢，他知道台北特別冷，那一年真是比特別冷還冷，大姊託棉被行的人幫我打了一條5公斤重的大棉被，只因為父親交待她，台北很冷！

你知道一件5公斤重的大棉被蓋起來是什麼感覺嗎？你會熱得身體冒汗，胸口會壓得透不過氣來，你的心會永遠都是熱呼呼的，你會忘了哭泣！如果有夢，在夢中你會以為那床棉被就是你的家……。

我是李平貞，人家都叫我老李，今年60歲，未婚，無兒無女，房子現金也都沒有，有的是一身的病痛，別人有的，我有，別人沒有的，我也有。

我老李向保險公司投保年金保險多年，我是要保人，姊姊是被保險人，後來我將保單的要保人變更為姊姊，沒有申報贈與稅。後來國稅局找上門說要按變更日保單的價值核認贈與金額，因超過當年度贈與稅免稅額，除要補徵我贈與稅之外，並依規定開罰單給我，你說公平？

關鍵說明

一、保險給付屬有財產價值的權利

保險費由要保人所支付，其累積利得、財產也應歸屬於要保人所有，但要保人透過變更要保人的方式將保單價值轉換為他人所有時，就是贈與的行為，依法必須課徵贈與稅。本案例中，老李的年金保險中途變更要保人為他的姊姊，就是一種贈與行為，依法必須申報贈與稅，不過老李並沒有申報贈與稅，被國稅局查到後，不僅要補稅還要處以罰鍰。

二、贈與財產超過免稅額須在三十天內申報

依保險法第14條規定：「要保人對於財產上之現有利益，或因財產上之現有利益而生之期待利益，有保險利益。」另依遺產及贈與稅法第4條第2項規定：「本法所稱贈與，指財產所有人以自己之財產無償給予他人，經他人允受而生效力之行為。」

老李以自己為要保人並繳納保險費，透過變更要保人的方式，將保單權利轉移給姊姊，此時簽訂變更保險要保人的契約日就是贈與行為成立日，應以簽約日保單之價值準備金作為贈與金額，老李必須在三十天內向國稅局報繳贈與稅。

三、變更保險要保人要報繳贈與稅

市場上理財商品推陳出新，保險更是相當熱門的投資選擇，依保險法規定，人壽、年金保險契約之保險利益為要保人所有。如保單的要保人變更，相當於移轉該保單的保險利益，即涉及贈與行為，應依遺產及贈與稅法規定申報繳納贈與稅。老李變更要保人未依規定申報繳納贈與稅，如於未經檢舉、未經稅捐稽徵機關或財政部指定之調查人員進行調查前，向所在地國稅局分局、稽徵所、服務處申請自動補報並補繳所漏稅款者，依稅捐稽徵法第48條之1規定，只要加計利息但不會被處罰。

法律筆記

◎ **遺產及贈與稅法第4條第2項**

本法稱贈與，指財產所有人以自己之財產無償給予他人，經他人允受而生效力之行為。

◎ **遺產及贈與稅法第22條**

贈與稅納稅義務人，每年得自贈與總額中減除免稅額二百二十萬元。

（編者註：自111年1月1日起贈與免稅額按物價指價調整為244萬元。）

◎ 遺產及贈與稅法第24條第1項

除第二十條所規定之贈與外，贈與人在一年內贈與他人之財產總值超過贈與稅免稅額時，應於超過免稅額之贈與行為發生後三十日內，向主管稽徵機關依本法規定辦理贈與稅申報。

◎ 遺產及贈與稅法第44條

納稅義務人違反第二十三條或第二十四條規定，未依限辦理遺產稅或贈與稅申報者，按核定應納稅額加處二倍以下之罰鍰。

◎ 稅捐稽徵法第48條之1

納稅義務人自動向稅捐稽徵機關補報並補繳所漏稅款者，凡屬未經檢舉、未經稅捐稽徵機關或財政部指定之調查人員進行調查之案件，下列之處罰一律免除；其涉及刑事責任者，並得免除其刑：

一、第四十一條至第四十五條之處罰。

二、各稅法所定關於逃漏稅之處罰。

營利事業應保存憑證而未保存，如已給與或取得憑證且帳簿記載明確，不涉及逃漏稅捐，於稅捐稽徵機關裁處或行政救濟程序終結前，提出原始憑證或取得與原應保存憑證相當之證明者，免依第四十四條規定處罰；其涉及刑事責任者，並得免除其刑。

第一項補繳之稅款，應自該項稅捐原繳納期限截止之次日起，至補繳之日止，就補繳之應納稅捐，依各年度一月一日郵政儲金一年期定期儲金固定利率，按日加計利息，一併徵收。

納稅義務人於中華民國一百十年十一月三十日修正之本條文施行前漏繳稅款，而於修正施行後依第一項規定自動補報並補繳者，適用前項規定。但修正施行前之規定有利於納稅義務人者，適用修正施行前之規定。

案例26

財產送「同居人」有免稅規定？

錯誤觀念

將存款轉給沒有親屬關係的人，國稅局查不到。

正確觀念

贈與人贈與他人的財產如果超過贈與免稅額規定時，依法即須申報繳納贈與稅，若贈與人未申報贈與稅被國稅局發現，會被補稅處罰。

生活小故事

其實人稱老李的李平貞說謊，他說他未婚是騙人的。老李在二十年前是結過婚的，春嬌就是他的元配，他用白花花的銀子將春嬌娶進門，不久春嬌就離家出走，但老李一直不願人家知道這段往事，老李一直怨恨著。所以自從和秋娘同居後，老李對待秋娘就像是找到報仇的對象似的，他甚至不願替秋娘買雙鞋、添購一件衣裳。

另外，老李還騙人，他說他沒有房子和現金，這也是騙人的。房子我不知道是不是他的，但我知道老李在銀行裡就有新台幣2,000萬元的定存，這筆錢是連秋娘都不知道的，別看老李每天穿得簡樸，其實錢還是有那麼一些，如果不是有一次喝醉酒講

出來，還眞會以爲老李是列冊貧戶呢！

　　那一次醉酒，老李談了很多往事，他說他學校畢業後不久就接到兵單，他那也不多話的老父親在老李入伍那天，用一台老摩托車載著他到體育場報到後，從此二年間都沒有家人來關心過他，退伍後，他也只是淡淡地跟老父親說：「我退伍了。」天知道在快退伍的前一個月，老李差一點開槍殺了他的營作戰官！

　　老李說他退伍後身無分文，心想先把汽車駕照考過再說吧！至少汽車駕照早晚都要用到，他遂向大他20歲的親大哥開口借3,000元，他大哥告訴老李下個月初五再來拿，初五那天，老李順利從他親大哥手中拿到了3,000元，他大哥還告訴他說：「救急不救窮！」……。

　　到現在，老李還一直不明白這句話的意思，他說他那時哭了！然後他帶著一個皮箱，也就是他全部的財產離開他出生的故鄉，他發誓這一輩子永遠不再回來了，但二年後，他的老父親第一次重病時，老李卻也只能心急如焚地回去，回到這個已經沒有家的故鄉。

　　老李說他大哥的名言是：「我是大兒子也是大孫……」，所以父親買房子給他大哥，幫他大哥娶媳婦，草地的土地他大哥說要多得一份，他大哥認爲這是他應得的。

　　但老父親重病住院時，永遠都是老李一個人跟著一同住院，老李說他第一次告訴他的哥哥們老父親住院時，他哥卻問老李：「那你到底要幹嘛！」（老李特別交代要用台語發音：「啊～哩買從什逆！」）老李只記得當時把醫院樓下的公用電話狠狠地摔爛……。

　　老李說他不怨，心裡只有……恨！老李說，更可笑的是，多年後老父親往生留下了一些龍銀，他的親大哥還說「大子大孫」多拿兩個龍銀是應該的，但老父親住院的費用和喪葬費，他親大

哥卻一度不想一起分攤……。

　　每年老父親的忌日，老李的哥哥都會邀老李一起回鄉掃墓，但老李都予以婉拒，老李一直想告訴他的哥哥：「我只會照顧父親活著的時候，死了以後你們比較會拜，那你們自己去拜好了！」但這些話老李卻從來沒有說出口，老李從那一年以後，也真的沒有回鄉下掃過墓。

　　老李那一次大醉後也不再找我喝酒了，聽說老李進了一趟醫院，在家裡也躺了大半年，老李深怕來日無多，又怕屆時全部遺產會被沒有辦離婚的元配春嬌繼承，而一直照顧他卻只是同居關係的秋娘將會一無所有。

　　所以老李用最快的速度將銀行的2,000萬元定存解約，並立即轉存到秋娘的銀行帳戶中，但這件事後來卻被國稅局查到，國稅局不但對老李補徵一筆贈與稅，還有一筆不小的罰鍰。

　　不知是幸還是不幸？老李那幾天一直都在昏睡當中……。

關鍵說明

一、財產贈同居人沒有免稅規定

　　配偶相互間贈與財產，不論贈與什麼財產、贈與金額有多大，都一律不課徵贈與稅，土地贈與部分也可申請不課徵土地增值稅，不過贈與人將財產贈與給同居人或妾，依法除免稅額之外並沒有任何免稅的規定。本案例中，老李因不諳稅法規定，贈與同居人秋娘2,000萬元，涉及無償贈與的事實，被國稅局查到，不但要補徵老李的贈與稅，還要處以罰鍰。

二、生前移轉財產須有完善的規劃

　　老李要在生前贈與2,000萬元給同居人秋娘，就現行的稅法

而言，要不繳稅並非易事，因為秋娘僅具同居人的身分並不具有配偶的地位，而法律上對同居人的保障幾乎是沒有，所以老李要避開贈與稅並不容易，除非利用法律途徑與元配春嬌解除婚姻關係，再與秋娘結婚，讓秋娘取得配偶的資格。老李自從元配春嬌離家出走後，他孤僻的性格中又加入怪異的因素，但他還是保有一般人的愛恨嗔癡，雖然不會多花一毛錢為同居人秋娘買一件衣服，但最後這2,000萬元也只能給了秋娘，如果他有幸再醒過來，對於這筆贈與稅和罰款，老李不曉得會有怎樣的反應。

法律筆記

◎ **遺產及贈與稅法第4條第2項**

本法稱贈與，指財產所有人以自己之財產無償給予他人，經他人允受而生效力之行為。

◎ **遺產及贈與稅法第19條第1項**

贈與稅按贈與人每年贈與總額，減除第二十一條規定之扣除額及第二十二條規定之免稅額後之課稅贈與淨額，依下列稅率課徵之：

一、二千五百萬元以下者，課徵百分之十。

二、超過二千五百萬元至五千萬元者，課徵二百五十萬元，加超過二千五百萬元部分之百分之十五。

三、超過五千萬元者，課徵六百二十五萬元，加超過五千萬元部分之百分之二十。

◎ **遺產及贈與稅法第20條**

左列各款不計入贈與總額：

一、捐贈各級政府及公立教育、文化、公益、慈善機關之財產。

二、捐贈公有事業機構或全部公股之公營事業之財產。

三、捐贈依法登記為財團法人組織且符合行政院規定標準之教育、文化、公益、慈善、宗教團體及祭祀公業之財產。

四、扶養義務人為受扶養人支付之生活費、教育費及醫藥費。

五、作農業使用之農業用地及其地上農作物，贈與民法第一千一百三十八條所定繼承人者，不計入其土地及地上農作物價值之全數。受贈人自受贈之日起五年內，未將該土地繼續作農業使用且未在有關機關所令期限內恢復作農業使用，或雖在有關機關所令期限內已恢復作農業使用而再有未作農業使用情事者，應追繳應納稅賦。但如因該受贈人死亡、該受贈土地被徵收或依法變更為非農業用地者，不在此限。

六、配偶相互贈與之財產。

七、父母於子女婚嫁時所贈與之財物，總金額不超過一百萬元。

八十四年一月十四日以前配偶相互贈與之財產，及婚嫁時受贈於父母之財物在一百萬元以內者，於本項修正公布生效日尚未核課或尚未核課確定者，適用前項第六款及第七款之規定。

◎ **遺產及贈與稅法第22條**

贈與稅納稅義務人，每年得自贈與總額中減除免稅額二百二十萬元。

（編者註：自111年1月1日起贈與免稅額按物價指價調整為244萬元。）

◎ **遺產及贈與稅法第24條第1項**

除第二十條所規定之贈與外，贈與人在一年內贈與他人之財產總值超過贈與稅免稅額時，應於超過免稅額之贈與行為發生後三十日內，向主管稽徵機關依本法規定辦理贈與稅申報。

◎ **遺產及贈與稅法第44條**

納稅義務人違反第二十三條或第二十四條規定，未依限辦理遺產稅或贈與稅申報者，按核定應納稅額加處二倍以下之罰鍰。

附　錄

113年發生繼承或贈與案件適用免稅額、課稅級距金額、不計入遺產總額及各項扣除額之金額一覽表

單位：新台幣元　　112年11月22日製表

<table>
<tr><td colspan="3">項目</td><td>調整前</td><td>113年（調整後）</td></tr>
<tr><td rowspan="16">遺產稅</td><td colspan="2">免稅額</td><td>1,333萬</td><td>1,333萬</td></tr>
<tr><td rowspan="2">不計入遺產總額之金額</td><td>被繼承人日常生活必需之器具及用具</td><td>89萬</td><td>100萬</td></tr>
<tr><td>被繼承人職業上之工具</td><td>50萬</td><td>56萬</td></tr>
<tr><td rowspan="6">扣除額</td><td>配偶扣除額</td><td>493萬</td><td>553萬</td></tr>
<tr><td>直系血親卑親屬扣除額</td><td>50萬</td><td>56萬</td></tr>
<tr><td>父母扣除額</td><td>123萬</td><td>138萬</td></tr>
<tr><td>重度以上身心障礙特別扣除額</td><td>618萬</td><td>693萬</td></tr>
<tr><td>受被繼承人扶養之兄弟姊妹、祖父母扣除額</td><td>50萬</td><td>56萬</td></tr>
<tr><td>喪葬費扣除額</td><td>123萬</td><td>138萬</td></tr>
<tr><td rowspan="3">課稅級距</td><td>10%</td><td>5,000萬以下</td><td>5,000萬以下</td></tr>
<tr><td>15%</td><td>超過5,000萬～1億</td><td>超過5,000萬～1億</td></tr>
<tr><td>20%</td><td>超過1億</td><td>超過1億</td></tr>
<tr><td rowspan="4">贈與稅</td><td colspan="2">免稅額</td><td>244萬</td><td>244萬</td></tr>
<tr><td rowspan="3">課稅級距</td><td>10%</td><td>2,500萬以下</td><td>2,500萬以下</td></tr>
<tr><td>15%</td><td>超過2,500萬～5,000萬</td><td>超過2,500萬～5,000萬</td></tr>
<tr><td>20%</td><td>超過5,000萬</td><td>超過5,000萬</td></tr>
</table>

國家圖書館出版品預行編目資料

看故事輕鬆學稅法／陳坤涵著.--三
　版.--臺北市：書泉出版社,2024.06
　面；　公分
ISBN 978-986-451-378-9（平裝）

1.CST: 稅法　2.CST: 個案研究

567.023　　　　　　　113005539

3U13

看故事輕鬆學稅法

作　　者 — 陳坤涵（269.1）

發 行 人 — 楊榮川

總 經 理 — 楊士清

總 編 輯 — 楊秀麗

副總編輯 — 劉靜芬

責任編輯 — 黃郁婷

封面設計 — 姚孝慈

出 版 者 — 書泉出版社

地　　址：106台北市大安區和平東路二段339號

電　　話：(02)2705-5066　傳　真：(02)2706-6

網　　址：https://www.wunan.com.tw

電子郵件：shuchuan@shuchuan.com.tw

劃撥帳號：01303853

戶　　名：書泉出版社

總 經 銷：貿騰發賣股份有限公司

電　　話：(02)8227-5988　傳　真：(02)8227-5

網　　址：www.namode.com

法律顧問　林勝安律師

出版日期　2010年 8 月初版一刷
　　　　　2014年 6 月二版一刷
　　　　　2024年 6 月三版一刷

定　　價　新臺幣380元

經典永恆・名著常在

五十週年的獻禮——經典名著文庫

五南，五十年了，半個世紀，人生旅程的一大半，走過來了。

思索著，邁向百年的未來歷程，能為知識界、文化學術界作些什麼？

在速食文化的生態下，有什麼值得讓人雋永品味的？

歷代經典・當今名著，經過時間的洗禮，千錘百鍊，流傳至今，光芒耀人；

不僅使我們能領悟前人的智慧，同時也增深加廣我們思考的深度與視野。

我們決心投入巨資，有計畫的系統梳選，成立「經典名著文庫」，

希望收入古今中外思想性的、充滿睿智與獨見的經典、名著。

這是一項理想性的、永續性的巨大出版工程。

不在意讀者的眾寡，只考慮它的學術價值，力求完整展現先哲思想的軌跡；

為知識界開啟一片智慧之窗，營造一座百花綻放的世界文明公園，

任君遨遊、取菁吸蜜、嘉惠學子！